人格权
基本问题论纲

李景义 著

知识产权出版社
全国百佳图书出版单位

图书在版编目（CIP）数据

人格权基本问题论纲 / 李景义著. ——北京：知识产权出版社，2014.8

ISBN 978-7-5130-2846-2

Ⅰ.①人… Ⅱ.①李… Ⅲ.①人格—权利—研究 Ⅳ.①D913.04

中国版本图书馆 CIP 数据核字（2014）第 170574 号

内容提要

本书以民法典制定为契机，在兼容人格权理论研究成果和司法实践经验的基础上，对学界出现的人格权体系之争、权利属性之争、一般人格权性质之争以及人格权立法之争进行了追本溯源的研究和反思；对人格权的立法确认，一般人格权、具体人格权概念的废除，人格权体系设置与类型化，"人格权一般条款+类型化"之立法模式，"人格权一般条款代替一般人格权、人格权类型化代替具体人格权"之立法路径，以及人格权理论的立法展现进行了比较深入的理论阐述。本书对国内外人格权理论的梳理和反思，对我国人格权立法进行的理论阐释，无疑是人格权理论的一次正本清源。同时，也是对民法典编纂及人格权立法问题的积极回应。

责任编辑：许 波　　　责任出版：谷 洋

人格权基本问题论纲

RENGEQUAN JIBEN WENTI LUNGANG

李景义 著

出版发行	知识产权出版社 有限责任公司	网	址：	http://www.ipph.cn
				http://www.laichushu.com
电 话：	010-82004826			
社 址：	北京市海淀区马甸南村1号	邮 编：		100088
责编电话：	010-82000860转8380	责编邮箱：		xbsun@163.com
发行电话：	010-82000860转8101/8029	发行传真：		010-82000893/82003279
印 刷：	北京中献拓方科技发展有限公司	经 销：		各大网上书店、新华书店及相关专业书店
开 本：	720mm×1000mm　1/16	印 张：		12.25
版 次：	2014年8月第1版	印 次：		2014年8月第1次印刷
字 数：	186千字	定 价：		48.00元

ISBN 978-7-5130-2846-2

序

    《人格权基本问题论纲》是在人格权概念化、体系化、法典化的争论中渐次展开的。当人格权体系之争初步已成定局之时，对人格权的概念厘定、体系架构、立法选择进行再梳理、再论证、再澄清、再界定，无疑需要勇气、胆识与魄力。正所谓：真理之辨来自清醒的头脑、豁达的心胸、敏锐的洞察、理性的感悟及超常的思辨。

    人格权的概念厘定，体现出民法学界关于法解释学的思考。基于人格权概念使用的层次化、系统化和科学化的欲求，《人格权基本问题论纲》开宗明义，将人格权的概念层级定位于人格权与各类具体人格权之间，阐明了废除一般人格权概念的逻辑论证与理论思考。

    人格权的体系架构，展现出民法学界关于法价值学的审视。基于人格权体系梳理的规范化、逻辑化和严谨化的要求，《人格权基本问题论纲》力排众议，将人格权的理论体系建构在权利种概念的确定、权利层级的设置与权利种类与范围之间，明晰了在以人格权为权利总称的新型体系下，各种人格权类型的还原事实与理论研究。

    人格权的立法选择，勾勒出民法学界关于法体系学的探究。基于人格权立法展现的权利化、私法化和法典化的期待，《人格权基本问题论纲》集思广益，将人格权的立法选择界定于人格法益权利化、人格权私法确认与人格权法独立成编之间，强化了人格权立法模式的确定与立法路径的选择，达至人格权列举及新型人格权保护的立法目的与司法效果。

    人格权理论的未来展望，描绘出民法学界关于法逻辑学的关注。基于人格权立法技术的标准化、适用化和前瞻化的目标，《人格权基本问题论纲》博采众长，将人格权的立法展现搭建于人格权体系架构与人格权规范设计之间，凸显了人格权基本概念的调整与确立、人格权的动态变化与新型人格权的法律保护、人格权的权利冲突与解决机制。

　　《人格权基本问题论纲》的研究与出版，为人格权的理论体系与研究方法增添了质疑与反思的气息；也为人格权的观点争鸣与研究结论平添了甄别与思辨的气质。正如亚里士多德所述："科学可以传授，科学的知识可以习得。"

王歌雅

2014 年 7 月 10 日于黑龙江大学

目　录

绪　论

一、选题的动机与价值

罗马法中已包含朴素的人格权思想，并创设了"人格"一词。罗马法为代表的古代法，虽然没有提出和使用"人格权"概念，但已经存在保护生命、身体、健康的习惯或法律。随着近现代民法对人的伦理价值的彰显和追求，各国理论研究、民事立法及司法实践相继提出并使用"生命""身体""健康""名誉""人格""人格权"等概念。期间，各国立法于不同时期、以不同形式在立法中确认了对"生命""健康""名誉"等具体人格法益的法律保护。在归纳推理的逻辑思维之下，"具体人格权"概念被学界提出并得到广泛使用。对人格权的开放性保护，以《德国民法典》第823条"兜底条款"及《瑞士民法典》第28条"一般条款"为代表，后世学者也据此提出"一般人格权"概念和理论。但"一般人格权""具体人格权"并未获得世界各国的普遍认可，甚至对"人格权"的概念、人格权的内涵与外延，学界仍然处于对此的探讨之中。

截至目前，日本、奥地利学界均对一般人格权持否定态度。德国、日本、瑞士、法国学界主流观点是坚守既有的人格权理论、人格权立法成果及司法实践，放弃或者说回避对人格权外延的划定，更倾向于针对生命、健康、名誉、隐私等个别人格法益分别考量的法律保护模式。采用"兜底条款"或"一般条款"之立法技术，将人格权开放性保护交由法律解释学和司法实践去处理。代表性的学者观点有如法国格勒诺布尔大学的Jean—Michel Bruguiere教授认为：人格权"家族"既包括现实中的，也包括理想中的，但人格权概念是缺失的；人格权家族是分裂的，有必要设立一个协调的体系。理想的人格权家族结构应围绕明确的主体和客体展开，主体是法律上的人，客体是人格。日本上智大学加藤雅信教授认为：人格权仍然是一个外延没有被明确界定的开放性概念，是处于生成途中的一种权利。想要划定人格权保护的界限相当困难，想让人格权得到一般性认可，仍然存在法律上的不切实性。奥地利学者彼得·彼德林斯基（Peter Bydlinski）认为：存在一整束不同的人格权，并不存在一个"一般人格权"。德国学者基尔克在《德国私法》中分别论述了"个别人格权""团体人格权"之后，另辟一章专论"人格权"，认为人格权具有多面性，包括身体权、生命权、名誉权、专利权、著作权、姓名权和个人形象权等。

我国的人格权理论是从国外移植借鉴而来。国内学者多围绕德国、瑞士等西方国家的人格权制度及其发展历程展开研究，对人格权理论及其发展进行梳理和反思。人格权理论的研究与发展，可以用喜忧参半来概括。喜的是，我国的人格权理论历经多年发展，已经积累了丰厚的研究成果，人格权立法问题也伴随着民法典制定的呼声成为理论界、立法者共同关注和探讨的焦点问题。如果不出意外，我国的人格权立法还将创造人格权立法的历史，为世界人格权立法树立一座丰碑。令人担忧的是，截至目前，无论是理论界、立法者还是司法实践中，还没有就人格权理论达成统一的认识，至今仍然呈现百家争鸣的混沌状态。民法发展史中，法典编纂往往是各种理论产生、发展和相互角逐的重要时刻。在我国民法典制定及人格权立法背景下，人格权理论已经成为我国民法学界研究的热点问题。学界对传统人格权体系及一般人格权概念及其理论提出质疑，并引申出人格权逻辑体系重构问题。学者们的争论和各具特色的论点，逐步厘清了一般人格权理论的缺陷，而且延伸、拓展了对该命题探讨的时间和空间，从而形成了对人格权体系及一般人格权理论的探寻、质疑和论证。人格权基本概念及意义、人格权概念的确立、一般人格权的废除、具体人格权辨析、人格权体系设置与类型化、人格权的立法模式及路径选择、人格权理论的未来发展等，成为学界及立法者热衷探讨的人格权理论的基本问题。

人格权理论发展至今，基本确立了人格权、一般人格权、具体人格权等基本概念。人格权的概念厘定、基础论证及人格权体系构建，对人格权立法具有重要意义。截至目前，世界范围内尚没有一部称得上完备的人格权立法，仍然没有出现人格权法在民法典中独立成编的先例。因此，人格权概念厘定、基础论证及人格权立法问题不仅是我国理论界探讨的重点，也是世界各国民法学界一以贯之的研究课题。

目前，我国制定统一民法典的呼声已经越来越高，关于人格权立法的论战方兴未艾。但无论是理论界、立法者还是司法实践，还没有就人格权理论尤其是一般人格权问题达成共识，至今仍然呈现百家争鸣的研究态势。基于以上原因，拓展对人格权理论研究的时间和空间，对人格权基本概念进行一次溯本求源的研究，对人格权理论进行一次正本溯源的反思，对涉及人格权立法的人格权理论基本问题进行科学系统的研究，对缺乏人格权传统的我国具有基础意义。不仅可以为我国人格权体系构建及人格权立法提供理论支持，还可以平息学界对人格权理论的诸多争论，为人格权理论的百家争鸣状态作一个总结，实现人格权理论研究的一个跨时代的飞跃。同时，也是对我国民法典编纂及人格权立法问题的积极回应。

二、研究内容与方法

（一）研究内容

本书研究内容主要围绕人格权理论若干基本问题展开。具体包括：

1. 人格权基本概念厘定

人格权理论发展至今，形成了人格权体系的基本框架。人格权、一般人格权、具体人格权等概念成为学界研究的重点，并逐步发展成为人格权理论的基本概念。对人格权基本概念的研究及人格权基本概念的整合、确立，对人格权体系构建具有基础意义。人格权的概念厘定、基础论证及人格权体系构建，对人格权立法具有重要意义。截至目前，世界范围内尚没有一部称得上完备的人格权立法，仍然没有出现人格权法在民法典中独立成编的先例，无论学界还是立法者而言，无论理论研究还是司法实践，"一般人格权""具体人格权"并未获得世界各国的普遍认可。

截至目前，我国学者对于人格权的概括和凝练，对人格权、一般人格权、具体人格权等人格权基本概念的内涵、外延等诸多问题，仍是"仁者见仁智者见智"。对一般人格权概念的质疑也一直没有停止。作为与一般人格权概念相对意义上存在的具体人格权概念,未受到学界的强烈质疑,甚至尚未引起学界的广泛关注。基于以上原因,对人格权基本概念进行研究和反思,确立我国人格权理论的基本概念,对缺乏人格权传统的中国具有基础意义,对人格权体系构建及人格权立法具有重要意义。不仅可以为我国人格权体系构建及人格权立法提供理论支持,还可以平息学界对人格权理论的诸多争论,为人格权理论的百家争鸣状态作一个总结,实现人格权理论研究的一个跨时代的飞跃。同时,也是对我国民法典编纂及人格权立法问题的积极回应。

2.人格权证成

无论在理论研究还是在司法实践中,人格权都是一个学者们反复使用的法律概念。但无论是具有丰富人格权传统的国家或地区,还是缺乏人格权传统的国家或地区,其学者对人格权作为权利的基本内容的研究,还不能说已经透彻或把握清楚。在立法层面,截至目前,还没有任何一个国家或地区在民事立法中明确使用了人格权的概念。正如北京大学尹田教授所言:从《法国民法典》开始——当然罗马法也一样——为这个问题,《法国民法典》《德国民法典》《日本民法典》、中国台湾地区"民法典"……所有我们能够看得到的民法典,没有一个民法典对人格权作出正面规定……所谓没有规定人格权是指法典上从来没有正面地对人格权问题进行确权的规定。

人格权制度在立法技术上采取宽泛的规定,为法律解释学、司法实践留下足够的探讨和发展空间。因此,国外人格权理论大多发展、成熟于司法实践与理论研究相互作用的过程中。但截至目前,人格权的概念似乎还没有得到理论界的统一认可,至少还没有得到各国或各地区立法的普遍确认。中国政法大学张能宝教授在中南财经政法大学的讲座中提出:"开人格权的国际研讨会时,我们经常会被问到这样一个问题:你们说的人格权到底是什么东西?无论是德国的学者还是美国的学者都会提出这样的问题,这好像变成了一个具有中国特色的问题"。这说明国外多数国家到目前为止还没有对人格权进行概括和凝练,还不清楚人格权作为民事权利的内涵及受保护的程度。

人格权理论发展至今，更多是司法实践中针对不同的人格权种类进行个案探索、论证和凝练。或者更进一步说，包括德国、美国在内的一些国家，到目前为止，仍然没有将人格法益权利化，仅从保护人格法益的角度实现对我们所谓人格权的保护，甚至在理论上，学者们也没有就人格权的概念、内涵和外延形成统一的、清晰的认识。

因此，这里所探讨之人格权概念的确立，包括两个层面的问题：一是对人格权基本内容、内涵及外延的论证和确认；二是在立法层面，论证人格权纳入民事立法的可行性，即人格权的法理论证及立法确认问题。现代民法的发展，要求民法自身必须强化现代民法的精神，突出现代民法的价值追求。人格权概念及人格权民事权利属性的立法确认、人格权理论的发展，将对强化现代民法的精神、彰显现代民法的价值追求作出强有力的回应。

3. 一般人格权证伪

人格权理论在我国经历了漫长的发展历程，学者们对一般人格权性质的探讨和对一般人格权理论的质疑，逐步厘清了一般人格权理论的缺陷，而且延伸、拓展了对该命题探讨的时间和空间，从而形成了对人格权体系的探寻、质疑和论证。以民事权利和法律概念为视角，对一般人格权概念进行研究和探讨，可以引发对一般人格权性质的争论，甚至引发对一般人格权存在与否的思考，并引申出人格权逻辑体系重构问题。这对确保我国人格权立法科学性具有至关重要的意义。

通说认为，一般人格权是德国司法实践中产生的一个法律概念，其立法基础被认为是《德国民法典》第823条及《瑞士民法典》第28条。德国司法实践创造一般人格权概念，是源于"读者来信案"判决对人格权开放性保护的一段论述："一项一般的、主观的人格权，是为现行的民法所排斥的……"。在审理该案时，联邦最高法院援引了德国《基本法》第1条"人的尊严"和第2条"发展人格"的规定，将一般人格权称为"由宪法保障的基本权利"。可见，一般人格权概念是权利意义上的概念和范畴。

纵观德国司法实践，标志着人格权理论尤其是一般人格权理论发展的重要案例："读者来信案""骑士案""索拉雅案"等，"一般人格权"都是作为一项需要保护的民事权利概念被提出和使用的。而被学界认为是一般人格权立法基础的《德国民法典》第823条及《瑞士民法典》第28条，也是对需要保护的民事权利或法益的立法确认。因此，笔者认为，一般人格权是作为一个"权利"概念提出的。对一般人格权概念、理论或制度的研究，应以权利为视角，这样才能洞察和掌握一般人格权的真正内涵，对一般人格权进行准确的性质界定。如果偏离权利的视角去研究一般人格权，将导致一般人格权内涵、性质的泛化，形成一般人格权理论的内在矛盾和争议。事实上，一般人格权在我国人格权理论研究与司法实践中，是一个十分宽泛的、具有高度概括性和模糊性的概念。截至目前，至少可以用来指代权利、法益、法律条款、人格关系，甚至笼统指代一般人格权制度。本书所谈一般人格权概念的废除是以"一般人格权"作为一项民事权利、作为一个法律概念为视角。笔者并非反对人格权保护"一般条款"或"兜底条款"的设立，并非对一般人格权在我国理论研究与司法实践中的所有功能持反对观点，亦不否定旨在实现人格权开放性保护的人格权制度。

4. 具体人格权概念的废除

具体人格权是我国人格权理论中被广泛使用的概念。学者们在与一般人格权相对的意义上将其界定为以具体人格法益为保护客体的一系列人格权的集合体。学界关于具体人格权类型的研究、说明和论证，往往局限在列举和分别论证某项人格权的范围内，远远没有达到对一个法律概念或法学理论所要求的严谨程度。什么是具体人格权依然是一个理论上没有完全解决的问题。确切地说，具体人格权不是一个权利概念，更不是一个严格意义上的法律概念。具体人格权是法学理论研究中出于指代需求而产生的概念，其根本意义仍然是我们通常意义上的人格权的集合体。既然如此，我们就没有必要设定这样一个法律概念，至少在人格权体系构建的意义上是多余的。

单纯就理论研究而言，甚至仅仅出于"指代"的需求，也没有必要界定这样一个法律概念或权利概念。正如当我们界定了财产权的概念、物权的概念和债权的概念后，只需要就财产权、物权、债权分别研究、明确指称就可以了，没有必要再为物权、债权的集合体单独设定一个概念。一是因为财产权已经是物权、债权的集合体,正如人格权已经是生命权、健康权、名誉权……的集合体。二是如"物权、债权虽同属财产权,但二者具有完全独立的内涵和外延"一样,生命权、健康权、名誉权等也分别具有各自独立的内涵和外延,没有必要放在一起去研究和界定。

另一方面,作为与一般人格权概念相对意义上存在的具体人格权概念,虽然尚未如一般人格权那样,已经受到学界的强烈质疑,甚至尚未引起学界的广泛关注。但是,当作为与一般人格权相对意义上存在的一个概念,将与一般人格权概念共存亡。如果我国理论研究及民事立法最终废除一般人格权的概念,具体人格权也将完成其历史使命而走向消亡。

5.人格权体系构建与类型化研究

在确立人格权概念、废除一般人格权及具体人格权的概念后,自然涉及人格权的逻辑体系重构问题。目前,在我国理论界所探讨的人格权体系内,出现了人格权、一般人格权、具体人格权三个权利概念,三者之间究竟是什么关系?三者在逻辑关系与涵盖的范围上究竟如何?这是我国进行人格权立法必须思考的理论问题。因此,对人格权体系及其内部逻辑关系进行反思,将是构建人格权体系乃至于人格权立法的必经途径。

人格权体系的构建,应首先将人格权定位为以统一的人格法益为保护内容的一项民事权利,与身份权并列的,二者合称人身权,与财产权相对应。人格权体系内,废除一般人格权和具体人格权概念,人格权也不再区分为一般人格权和具体人格权。其下位概念为一系列以具体人格法益为内容的人格权。例如,生命权、健康权等。最终形成以人格权为权利总称、涵盖以具体人格法益为保护对象的多种人格权类型之人格权体系。

在前述人格权体系下,由于具体人格权这一权利总称的废除,有必要对被具体人格权所涵盖的各种具体人格权类型进行重新的梳理,明确我国目前人格权的种类与范围,这就是所谓的人格权类型化问题。即在我国民法典的制定中,应当把一些比较成熟的、适合于权利化的人格法益进行立法确认,使之类型化为具体的民事权利。德国民法一直试图通过判例积累的方法,从典型案例的角度，寻求另外一种方式的类型化的方法。① 这一事实说明，即使存在划界的困难，但出于最低限度的对确定性和可预测性的追求，仍然有必要将人格性质的法益归纳为一系列各有特征的典型的人格权类型。②

6. 人格权立法模式及路径选择

在我国的传统民法理论研究中，人格权、一般人格权、具体人格权成为我国人格权体系内重要的概念。在主张废除一般人格权及具体人格权概念后，出于构建新的人格权体系的需求，我国人格权法应当选择怎样一种立法模式，以及具体的立法技术与路径选择是人格权立法的重要问题之一。

总结学界对人格权立法模式的不同观点，可以概括出两种不同的人格权立法模式：一是主张"具体人格权+一般人格权"之立法模式；二是主张"人格权保护一般条款+类型化"之立法模式。笔者主张废除一般人格权、具体人格权概念，所以，笔者更赞同"人格权保护一般条款+类型化"之立法模式。人格权保护一般条款的设立，可以填补原一般人格权概念、理论在我国人格权理论研究及司法实践中的功能和作用。既可以保持人格权体系的开放性特征，满足人格权作为新型权利的发展变化要求，也可以实现对人格权的开放性保护需要。对具体人格法益作类型化处理并进行立法确认，既可以取代"具体人格权"的功能和作用，也可以强化人格权的司法保护，减少司法成本及法官的执法难度。

7. 人格权理论的未来发展

我国人格权理论的未来发展，至少涉及人格权立法确认问题及人格权法出台后人格权理论研究与司法实践问题。我国的人格权立法，将实现人格权发展史上的成文法突破，开创人格权法独立成编的先例，以及全新的立法模式及立法路径选择。因此，人格权理论研究成果的立法展现，将是当下我国人格权理论研究的基本问题之一。可以预见，我国人格权立法后，将会开创人格权理论研究的新时代，实现人格权保护的进步和飞跃，当然也必将面对后"一般人格权时代"人格权理论发展问题与困惑。

---

① 齐晓琨. 德国民法中的一般人格权[J]. 吉林省教育学院学报, 2006 (10).
② 周晨，张惠虹. 中德民法中一般人格权制度之比较[J]. 德国研究, 2003 (2).

（二）研究方法

本书拟采用文献分析、实证分析、比较分析、个案研究、归纳推理、演绎推理等多种研究方法，对人格权进行历史梳理、现状评析，就人格权、一般人格权、具体人格权概念进行理论阐释，对人格权理论争议、体系构建、人格权立法与司法实践等问题进行考察、分析和论证。以有关法律概念的提出与确定、法律制度确立过程中的重要案例、历史事件为实例佐证，分析人格权理论发展脉络及人格权立法实践。

从探究人格权理论基本法律概念入手，对人格权基本概念进行概念厘定与基础论证。在分析、论证人格权权利内核、精神实质、内涵、外延的基础上，综合考察传统人格权体系内有关权利概念存在的必要性及合理性，去伪存真，构建科学合理的人格权体系。通过归纳推理分析各类人格权所蕴含的权利实质及精神内核，通过演绎推理确立人格权体系的层次和范围。综合考察具有代表性的人格权立法体例及立法过程中各学派关于人格权立法的多次论战，结合当下学术界通行理论及实例对人格权体系构建及立法模式问题进行综合阐释，为人格权立法提供指导与借鉴。

三、有关问题的说明

（一）有关概念的使用

人格权是一种新型的权利。关于人格权的客体，学界并没有形成共识。学界的主流观点认为：人格权的客体为人格利益，或人格权益，或人格法益，或者就是人格。对此，笔者将对上述4个相关概念作特殊说明。有学者认为，人格权的客体为人格利益，包括我国在内的很多国家的立法也都使用人格利益这样的表述。在我国理论界，这样的表述始于20世纪90年代。这种表述与人格权理论发展的历史背景有关，受民法财产中心主义的影响。对人格权理论持坚决反对态度的德国学者萨维尼认为，法律主体不可能享有针对其自身的权利。也正是因为萨维尼在学界的影响，人格权迟迟没有走上历史的舞台。最早冲破上述理论束缚的是物质性人格权，有商业价值才有人格权一度成为德国学界的主流观点。人格权只有与财产、物质、商业价值相联系，才能进入法律保护范围。在此背景下，人格权的客体，被学界定义为人格利益。进入21世纪后，学者在理论研究中使用人格法益的表述，并逐渐获得学界的认可。近年来，也有学者开始使用人格权益的表述，还有包括我国台湾地区在内的"民法典"使用了人格权益的表述。笔者认为，人格利益的提出，有其历史背景，体现的是人格权发展的时代特征，并不符合人格权的内涵、本质和特征。人格权益和人格法益的表述更为准确，更符合人格权的权利属性及实质。为与人格权相区别，笔者不赞同使用人格权益作为人格权的客体。因此，笔者更倾向于使用人格法益的表述。出于对学者理论研究成果及立法、司法实践的尊重，笔者在引用相关学术观点及陈述立法成果、司法实践时，仍然沿用"人格利益""人格权益"的表述。需要说明的是，在人格权理论研究中可以将人格权保护的客体统一指称为"人格法益"，但事实上，人格权的客体就是人格。法益只是对人格作为人格权保护客体之性质的认定。综上，学界在人格权理论研究中经常使用的人格利益、人格权益及人格法益实质为同一概念，都是对作为人格权客体的人格的客观表述。

尽管本书基本落脚点就是废除作为权利概念的一般人格权和具体人格权。但在行文过程中，出于指代的需要、理论研究的衔接及对此前人格权理论研究和司法实践的表述，笔者仍将使用一般人格权和具体人格权的表述。

（二）本文的基本立意

无论人格权理论研究、人格权立法还是人格权体系构建，均涉及一般人格权概念的取舍问题。"一般人格权"是在人格权理论发展过程中产生的一个法律概念。作为舶来品的"一般人格权"概念，在我国理论界已经受到广泛的质疑。否定"一般人格权"的制度设计、主张不接受或不再使用或废除"一般人格权"概念的观点已经成为学界的主流观点之一，成为人格权理论研究的一种潮流和趋势。在人格权立法、民法典制定的背景下，确立人格权概念、废除一般人格权和具体人格权概念，调整并确立我国人格权体系，选择适合我国特色的人格权立法模式，不失为我国人格权理论研究、发展和人格权立法的一个明智选择。这是本书的基本立意。

（三）一般人格权证伪与研究视角

如果一般人格权是一种权利，那么这种权利的属性是什么呢？学界有两种不同观点，第一种观点认为，一般人格权是宪法性权利，或者说是基本权利，梅迪库斯就认为，德国联邦法院在援引《基本法》的有关规定时，明确将一般人格权阐释为"由宪法保障的基本权利"。① 第二种观点认为，一般人格权是民事权利，或者说是私法上的权利，也有人说是主观权利，如拉伦茨主张"《基本法》对人的尊严和人格价值的强调，促使司法机关通过相应的法律发展，承认了《德国民法典》中未加规定的'一般人格权'，承认它是私法制度的一个组成部分。"②

由于德国司法实践中产生的一般人格权是从德国基本法中推导出来，并用来解决平等主体之间的民事纠纷的，法官肯定了宪法的第三人效力，因此一般人格权的权利属性必然与宪法有密切的联系。在当代德国宪法的理论与实践中，基本权利被认为具有"主观权利"和"客观法"的双重性质。③ 基本权利的双重性质理论为战后 K. Hesse 首倡，并受到德奥学者的普遍引用，在宪法调整个人与国家的关系意义上，基本权利是一种"主观权利"。同时，基本权利也被认为通过基本法宣示了某种"客观价值秩序"，公权力必须自觉以这一价值秩序为指导，努力争取和创造有利于基本权利实现的条件，在这种意义上，基本权利又是直接约束公权力的"客观规范"或者"客观法"。④ 基本权利作为宪法中集中体现价值的部分，其性质取决于所在宪法的性质，宪法本身的效力直接决定了其组成部分的基本权利的效力。⑤

基本权利作为一种主观权利，权利人有权利积极主张人格法益受到保护；作为客观法，所有的公权力机关都必须自觉遵守这一价值秩序，立法机关应当依据基本法来制定其他法律，司法机关应当将基本法作为断案的直接或间接依据。这就使基本权利的影响力得以超越"个人—国家"关系的层

---

① [德]迪特尔·梅迪库斯. 德国民法总论[M]. 邵建东译. 北京：法律出版社，2000: 778, 806.
② [德]卡尔·拉伦茨. 德国民法通论（上册）[M]. 王晓晔等译. 北京：法律出版社，2003: 110, 115.
③ 姚辉. 关于民事权利的宪法学思维——以一般人格权为对象的观察[J]. 浙江社会科学，2001 (1).
④ [德]Robert Alexy. 作为主观权利与客观规范之基本权[J]. 程明修译. 宪政时代，24 (4).
⑤ 韩大元. 论基本权利效力[J]. 判解研究，2003 (1).

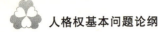

面，进而能够笼罩社会生活的一切侧面，对各部门法产生扩散的效力。①

　　一般人格权是人格权理论中一个非常重要的概念。可以说，一般人格权理论是人格权理论的重要组成部分。通说认为，一般人格权是德国司法实践中产生的一个法律概念，其立法基础被认为是《德国民法典》第 823 条及《瑞士民法典》第 28 条。纵观德国司法实践，标志着人格权理论，尤其是一般人格权理论发展的重要案例如"读者来信案""骑士案""索拉雅案"等，"一般人格权"都是作为一项需要保护的民事权利概念提出和使用的。而被学界认为是一般人格权立法基础的《德国民法典》第 823 条及《瑞士民法典》第 28 条，也是对需要保护的民事权利或权益的立法确认。因此，笔者认为，一般人格权是作为一个"权利"概念或者"权益"概念提出的。对一般人格权概念、理论或制度的研究，应以权利或权益为视角，这样才能洞察和掌握一般人格权的真正内涵，对一般人格权进行准确的性质界定。如果偏离权利的视角去研究一般人格权，将导致一般人格权内涵、性质的泛化，形成一般人格权理论的内在矛盾和争议。因此，本书所谈一般人格权证伪，以"一般人格权"作为一项民事权利为视角。

四、文献综述

　　研究人格权基本问题，既要探寻人格权的理论渊源，又要考察人格权制度的现实走向；既要评述国外人格权立法模式及具体制度，又要正视我国人格权立法的缺陷；既要研究人格权的基本理论问题，又要研究人格权的立法及司法实践问题。研究过程中，主要结合民法基本理论的研究成果，参考法理学、法哲学、比较法的研究方法及分析路径，本书使用的文献主要分为以下几类：

（一）人格权理论渊源的研究成果

　　现有文献对人格权制度的研究，已经扩展到对人格权思想渊源的追寻。人格权概念不是从来就有的概念，它渊源于罗马法朴素的人格理念，其后是自然法的"天赋人权"，再到历史法学派对权利能力概念的创制，一步步发

---

　　① 姚辉. 关于民事权利的宪法学思维——以一般人格权为对象的观察[J]. 浙江社会科学, 2001 (1) .

展到近现代的人格权概念。这方面的参考资料包括周枏的《罗马法原论》、黄风的《罗马私法导论》、桑德罗·斯奇巴尼的《人法》（民法大全选译）、盖尤斯的《法学阶梯》、普赫塔的《潘德克吞教科书》、R. Lindon的《人格权》、星野英一的《私法中的人》、雨果·多诺的《市民法评注》、虢梅斯·德·阿梅斯瓜（Gomez de Amesqua）的《人对于自身的权力论》、奥尔格·卡尔·纽内尔的《私法法律关系的性质以及种类》、基尔克的《德国私法》、奥托·吉尔克的《德国私法》（第一卷）、李锡鹤的《民法哲学论稿》、格奥尔格·拉茨（谢怀栻译）的《匈牙利民法典的修改》、徐国栋的《人格权制度历史沿革考》、曾凡昌《西方人格权发展的历史线索及其启示》、杨立新和尹艳的《论一般人格权及其民法保护》、曹险峰的《罗马法中的人格与人格权》、张红的《19世纪德国人格权理论之辩》及《20世纪德国人格权法的演进》、周云涛的《德国人格权发展阶段的历史考察》、汉斯—彼特·哈佛坎普的《1918年以来一般人格权在德国的发展》等。

这些著作从探寻人格权历史渊源的角度出发，阐释人格权概念的由来，人格权概念从罗马法、自然法、历史法学派的精神逐步演变为现代社会基于平等、尊严、自由理念的人格权概念。

哲学中的理性人格为平等的法律人格奠定了理论基础，也为人格权这一概念的源起提供了重要的理论依据。要进一步探寻人格权的起源和基础，就要从哲学的角度深入研究和挖掘人的本质，进而为人格权概念的确立提供坚实的理论基础。这方面的参考资料有：马克思、恩格斯的《马克思恩格斯选集》（第2卷），康德的《道德形而上学原理》和《法的形而上学原理——权利的科学》，黑格尔的《法哲学原理》，Carlos Alberto da Mota Pinto的《民法总论》，迪特尔·梅迪库斯的《德国民法总论》，卡尔·拉伦茨的《德国民法通论》，曹险峰的《人格权与中国民法典》，付子堂的《法理学初阶》等。

（二）国内外人格权立法的研究成果

研究人格权理论问题，归根到底是为我国的立法实践做理论准备。我们必须立足于我国的人格权立法现状，借鉴西方国家先进的人格权立法模式及制度，传承并发扬我国的人格权立法上的优良传统。这方面的参考资料包括

以下两部分。

1. 西方国家人格权立法

这方面的参考资料比较丰富，既包括各国的法律文件，也包括大量的学者对于西方国家人格权立法的评述资料。前者有《德国民法典》、德国《关于修改损害赔偿法规定的第二法案》《法国民法典》《瑞士民法典》《日本民法典》《日本国宪法施行后民法应急措置之法律》《日本改正民法一部分之法律》《俄罗斯联邦民法典》等。有关人格权的内容还出现在这些国家的宪法性文件，如德国《基本法》、俄罗斯《人和公民的权利和自由宣言》。后者有海尔穆特·库勒尔的《〈德国民法典〉的过去和现在》、Basil S. Markesinis 和 Hannes Unberath 的 *The German Law of Torts- A Comparative Treatises*（一般人格权判例）、迪特尔·梅迪库斯的《德国民法总论》、五十岚清的《人格法》、鸠山秀夫的《日本债权法各论》、马克斯米利安·福克斯的《侵权责任法》、圆谷峻的《判例形成的日本新侵权责任法》、克雷斯蒂安·冯·巴尔的《欧洲比较侵权责任法》、邓曾甲的《日本民法概论》、玛丽-特雷西·弗里克的《人法》、汉斯·布劳克斯和沃尔夫-迪特里希·瓦尔克的《民法总论》、约恩·埃克特的《侵权法中的自由概念》、科齐奥尔-维尔泽的《民法》及霍尔斯特·埃曼的《德国民法中的一般人格权制度》、马俊驹和张翔的《人格权的理论基础及其立法体例》、沈剑锋的《具体人格权立法模式及其选择——以德国、瑞士、奥地利、列支登士敦为考察重点》、曹险峰的《论一般人格权的立法模式——以德国与瑞士立法例之对比考察为中心》、薛军的《人格权的两种基本理论模式与中国的人格权立法》、让·米歇尔·布律格耶尔（肖芳译）的《人格权与民法典——人格权的概念和范围》、加藤雅信（杨东译）的《日本人格权论的展开与最近的立法提案》等。

国外人格权立法选取了不同模式，规定在总则民事主体制度中或者侵权之债中，我国应在借鉴、参考国外立法例的基础上，根据我国的情况选择适合我国的人格权立法模式。

2. 我国人格权立法

这方面的资料同样包括法律文件和立法评述两部分。其中法律文件包括我国当前实质意义上的人格权立法，以及民法典中人格权立法草案的内容。这方面的参考资料包括《宪法》《民法通则》《关于贯彻执行〈中华人民共和国民法通则〉若干问题的意见》《侵权责任法》《关于确定民事侵权精神损害赔偿责任若干问题的解释》《关于审理人身损害赔偿案件适用法律若干问题的解释》《消费者权益保护法》《未成年人保护法》《残疾人保障法》《妇女权益保障法》。立法草案类参考资料包括王利明的《中国民法典草案建议稿及说明》、徐国栋的《绿色民法典草案》、梁慧星的《中国民法典草案建议稿附理由书》、王利明的《中国民法典学者建议稿及立法理由》等。

立法评述主要是学者们对我国人格权立法的评述资料，这方面的资料比较多，表明我国学者们对中国人格权立法的充分关注和深入探讨。这方面的资料包括杨立新的《中国人格权法立法报告》、王利明的《民法典·人格权法重大疑难问题研究》、梁慧星的《中国民法经济法诸问题》和《民法总论》、龙卫球的《论自然人人格权及其当代发展进程——兼论宪法秩序与民法实证主义》、邱聪智的《民法研究》（一）、王泽鉴的《民法学说与判例研究》（第8册）、王泽鉴的《侵权责任法》（第1册）和《侵权行为》、易继明的《人格权立法的历史评析》等。

上述资料对我国的立法模式、立法体系及具体制度展开了充分的探讨，我国已经具有了实质意义的人格权法，但形式意义的人格权法尚需通过专门的立法完成。

（三）人格权基本理论的研究成果

人格权基本理论包括许多方面，如概念、主体、客体、特征、性质等内容。本文的基本立意是确立人格权概念、废除一般人格权和具体人格权概念，调整并确立我国人格权体系，选择适合我国特色的人格权立法模式。

1. 人格权证成

尽管理论上人格权已经被广泛承认，但目前各国或地区立法层面没有一个国家或地区明确使用"人格权"，当下人格权的保护主要也是通过司法实践完成的。这方面的参考资料很多，有来自于法哲学的资料，如黑格尔的《法哲学原理》、张文显的《法学基本范畴研究》，从不同层面深入挖掘人格权的法哲学基础；也有来自于民法学基本理论方面的著作，如梁慧星的《民法总论》（第三版）、王利明的《民法总则研究》、张俊浩的《民法学原理》、马俊驹和余延满的《民法原论》、王伯琦的《民法总则》、施启扬的《民法总则》、马原的《中国民法教程》、龙卫球的《民法总论》、德国学者迪特尔·施瓦布的《民法导论》、王泽鉴的《民法学说与判例研究》、德国学者卡尔·拉伦茨的《德国民法通论》等，这些著作从民法原理来探讨人格权的民事权利属性；还有来自于宪法学方面的著作，如王世杰和钱端升合著的《比较宪法》、张千帆的《宪法学》（第2版）、李建良的《宪法理论与实践》（二）、张红的《一项新的宪法性基本权利——人格权》、温世扬的《人格权"支配"属性辨析》、隋彭生的《人格权派生财产权初探》等，这些著作从宪法角度分析人格权的宪法性属性。以上这些著作分别从法哲学层面、民法层面和宪法层面探讨人格权，认为人格权是一种独立的权利。

2. 一般人格权证伪

一般人格权是德国通过司法判例发展起来的一种制度，至今尚没有国家或地区立法对其进行明确规定。我国学者对一般人格权观点不一。一般人格权引起了学者的广泛探讨，因此这方面的参考资料非常多。这些资料包括王泽鉴的《侵权行为》，史尚宽的《债法总论》，曾世雄的《民法总则之现在与未来》，美国学者贝恩·辛格的《可操作的权利》，德国学者迪特尔·施瓦布的《民法导论》，王利明、杨立新、姚辉合著的《人格权法》、梁慧星的《民法总论》，魏振瀛《民法》（第4版），德国学者卡尔·拉伦茨的《德国民法通论》，王利明的《人格权法研究》，黄茂荣《法学方法与现代民法》，德国学者迪特尔·梅迪库斯的《德国民法总论》，德国学者马克斯米利安·福克斯的《侵权责任法》，张新宝的《侵权责任法》，德国学者霍尔斯特·埃曼的《德国民法中的一般人格权制度》，杨立新和尹艳合著的《论一般人格权及其民法保护》、姚辉的《论一般人格权》等。这些文献资料对立法考察、司法实践、理论溯源、语言逻辑学分析、功能考察、性质展开了深入研究。

此外，我国国内还有不少学者对一般人格权的存在价值进行了深入分析，这方面的参考论文也很多，包括谢怀栻的《论民事权利体系》、尹田的

《论人格权概括保护的立法模式——"一般人格权"概念的废除》、薛军的《揭开"一般人格权"的面纱——兼论比较法研究中的体系意识》、马俊驹和王恒的《未来我国民法典不宜采用"一般人格权"概念》、温世扬的《略论人格权的类型体系》、易军的《论人格权法定——一般人格权与侵权责任构成》、冉克平的《一般人格权理论的反思与我国人格权立法》、张红的《20世纪德国人格权法的演进》、杨立新和刘召成的《抽象人格权与人格权体系之构建》、曹险峰的《论一般人格权的立法模式——以德国与瑞士立法例之对比考察为中心》、马俊驹和张翔的《人格权的理论基础及其立法体例》、薛军的《人格权的两种基本理论模式与中国的人格权立法》、让·米歇尔·布律格耶尔（肖芳译）的《人格权与民法典——人格权的概念和范围》等。这些论文的争议焦点是一般人格权概念的存废问题，是本书写作的重要参考文献。

3. 人格权体系及类型化

理论上，具体人格权是与一般人格权相对的一个概念，这个概念目前被广泛使用。人格权、一般人格权、具体人格权三个权利概念的逻辑关系到底应当如何？这是未来人格权立法不可回避的一个重要问题。这方面的参考资料包括江平的《民法学》、德国学者梅迪库斯的《民法总论》、魏振瀛的《民法》（第4版）、杨立新的《人身权法论》、张新宝的《隐私权的法律保护》、杨立新的《人格权法专论》、王利明的《人格权法研究》、梁慧星的《民法总论》、张俊浩的《民法学原理》、徐国栋的《民法总论》、卡尔·拉伦茨的《法学方法论》、黄茂荣的《法学方法与现代民法》、德国卡尔·拉伦茨的《德国民法通论》、王泽鉴的《民法总论》、张俊浩的《民法学原理》、徐国栋的《民法总论》、马俊驹的《人格和人格权理论讲稿》、梁慧星的《中国民法经济法诸问题》等，这些著作对现实生活中不断出现的人格权类型进行了分析，并对人格权、一般人格权、具体人格权三者的逻辑关系展开探讨，对人格权的体系及类型化进行了剖析，并对人格权未来立法模式与途径选择进行全面分析，给本书写作提供了很好的参考。此外，国内部分学者的论文也对这个问题进行了深入分析，如沈剑锋的《具体人格权立法模式及其选择——

以德国、瑞士、奥地利、列支登士敦为考察重点》、温世扬的《略论人格权的类型体系》等。

（四）未来人格权立法展望的研究成果

尽管我国人格权立法在民法典立法背景下已经提上议事日程，人格权方面的理论准备也越来越充分，但人格权立法仍面临诸多方面的困境，包括人格法益权利化、是否独立成编、入法归属、新型人格权保护等问题。展望人格权立法，学者们对人格权的体系设立、独立成编问题、立法模式、立法途径、新型人格权保护等方面展开了广泛的探讨。这方面的著作包括：江平的《法人制度论》，龙显铭的《私法上人格权之保护》，王伯琦的《民法总则》，王利明的《人格权法新论》和《人格权法研究》，杨立新的《人身权法论》《人格权法》和《人格权法专论》，王利明、杨立新、姚辉合著的《人格权法》，马俊驹的《人格和人格权理论讲稿》，刘风景、管仁林合著的《人格权》，中央政法干部学校民法教研室的《中华人民共和国民法基本问题》，迪特尔·梅迪库斯的《德国民法总论》，龙卫球的《民法总论》，周开方的《我国人格权的法律实践分析》，路易斯·亨金的《当代中国的人权观念：一种比较考察》，艾伦·沃森的《民法法系的演变及形成》、卡尔·拉伦茨的《德国民法通论》，邱聪智的《民法研究》（一），王泽鉴的《民法学说与判例研究》（第8册）《侵权责任法》（第1册）和《侵权行为》等。此外，梁慧星的《人格权：与生俱来的权利》、谢怀栻的《论民事权利体系》、薛军的《非典型人格利益的民法保护模式研究》、张平华的《人格权的利益结构与人格权法定》、王利明的《我国未来民法典中人格权编的完善》、黄忠的《人格权法独立成编的体系效应辨识》、刘召成的《人格权主观权利地位的确立与立法选择》、王叶刚的《人格权中经济价值法律保护模式探讨》等，这些论文也对人格权的体系、立法模式及途径选择展开了详细分析，为本书提供了翔实的资料，增加了本书的广度。

第一章 历史篇：人格权理论的历史演进

第一节 人格权理论的思想渊源

一、罗马法上人格概念的产生与缺陷

近代意义的人格理论滥觞于罗马法，其中出现了三个关于人的概念，分别是homo、caput和persona。homo是指生物学意义上的人，原则上不能作为权利义务主体；persona用来指权利义务主体的各种身份；caput则表示法律上的人格。①由此可见，罗马法中homo、caput和persona三个关于人的概念，仅仅从民事权利义务主体的角度来界定人格。

人格在私法中的初始形态都具有较强的身份性特征，在罗马法中即如此。罗马法上的人格涉及自由人身份、市民身份、家庭身份，只有同时拥有自由人、市民身份的家长在罗马法中才具有最充足的人格。②罗马法时代，欠缺自由、市民或家族身份的任何一种，都不能成为法律意义上的适格主体。界定"人格"的标准是人的身份，在不同的血缘关系、不同等级的人之间，他们的"人格"是不平等的。罗马法甚至包含了朴素的人格权理念，但仍然存在等级性和不平等性等落后因素，而且没有从生命权、荣誉权和名誉权中抽象出人格权的概念。学说上对各种具体的人格权缺乏理论概括。例如，就没有一种像人格权一样的名词把生命权、荣誉权和名誉权概括起来。③因此，罗马法并没有真正的人格权，也不可能产生作为主体固有权利并具有平等性的人格权概念。正如李锡鹤先生所说："由于罗马法不是以确认自然人人格平等为己任，相反以限制自然人人格为宗旨，奴隶和外国人被

---

① 周枏. 罗马法原论（上册）[M]. 北京: 商务印书馆, 1994: 97.
② 黄风. 罗马私法导论[M]. 北京: 中国政法大学出版社, 2003: 80.
③ 徐国栋. 人格权制度历史沿革考[J]. 法制与社会发展, 2008 (1).

剥夺了做人的资格，所以罗马市民社会是由'人'和'非人'所构成的社会。在这种人格可以减等和剥夺的时候，作为主体固有权利的人格权概念是不可能产生的"。①罗马法界定"人格"的标准都是人的身份，因此罗马法的"人格"带有强烈的等级性、身份性和一定的可变性。从《阿奎利亚法》到后期的《优士丁尼法典》，罗马法对人格保护都不过体现了一种自然主义式的处理，体现着与原始法律思维一脉相承的粗糙性。古罗马学者的论述显示出，当时虽然亦偶尔有权利的提法，但他们并没有对人格权做出任何原理性的思考。②

因此，罗马法时代人格的概念得以产生，但"带有强烈的身份性与等级性，这使得近代私法意义上的人格无法在人法上得以确立"。③

二、自然法学说对人格权的阙如

公元11~18世纪，在文艺复兴运动和启蒙思想运动的推动下，自然法的思想使得人格与人的伦理性开始产生密切的联系。"自由""平等""博爱""人权"等价值成为人们分析和评断法律的标准。④在欧洲宗教改革和文艺复兴运动等人文主义思潮的影响下，个人主义迅速蔓延，个体从教会的权威中解脱出来，从身份关系的束缚中摆脱出来，成为独立自主的个体。科学革命使人的理性得以凸显，"天赋人权"的思想受到极大推崇，权利本身就被赋予了丰富的伦理内涵。此阶段的人格权以伦理性为本原，"根据人格权的一般结构，人格权是一种受尊重权，也就是说，承认并且不侵害人所固有的'尊严'，以及人的身体和精神，人的存在和应然的存在。"⑤根植于人格之上的人格权本身在人格价值理念基础上形成，表达对于人格的拓展和完善。通过对人与生俱来的自由和天赋的人权进行权利界定，形成自然法时期的人格权。"只有一种天赋的权利，即与生俱来的自由——这是每个人生来就有的

---

① 李锡鹤. 民法哲学论稿[M]. 上海: 复旦大学出版社, 2000: 233.

② 龙卫球. 人格权的立法论思考: 困惑与对策[J]. 法商研究, 2012 (1).

③ 马俊驹、刘卉. 论法律人格内涵的变迁和人格权的发展[J]. 法学评论, 2002 (1): 28.

④ 付子堂. 法理学初阶[M]. 北京: 法律出版社, 2005: 82.

⑤ [德]卡尔·拉伦茨. 德国民法通论（上册）[M]. 王晓晔, 等译. 北京: 法律出版社, 2003: 282.

品质，根据这种品质，通过权利的概念，他应该是他自己的主人。"①从这个意义上讲，人格权是一种自然权利，是最基本的人权。伦理学意义上的"人"，首先要求人是目的，而不是手段，唯有如此人才具有所谓的"尊严"。"人正因为是伦理学意义上的'人'，因此他本身具有一种价值，即人不能只是作为其他人达到目的的手段，人具有其'尊严'。"②

　　自然法思想对当时的欧洲民法典产生了重大影响。在自然法思想的影响下，欧洲各国家都对与生俱来的人格权在民法典中作出规定，如1794年的《普鲁士一般邦法》第83条明确规定："人的一般权利建立在天生的自由基础上，即能够在不损害他人的前提下寻求和促进自己的幸福"；此后1804年《法国民法典》第8条和1811年《奥地利民法典》第16条均有类似规定。其中的《法国民法典》具有浓厚的伦理意识和自然法色彩，"正是由于人格平等、自由、尊严在《法国民法典》中的充分体现，在立法技术上，实现了'生物人'与'法律人'在外延上的统一，并且在法律人的范围内也实现了人格的平等。"③

　　自然法学说对人格法律思想的贡献在于，改变了罗马法中以身份作为衡量人格标准的缺陷，剔除了人格中的身份限制。但自然法影响下的人格权是一种"天赋人权"，而非法定的人格权，即法律没有对人格权作出明确的承认。

三、实证法上对人格权的承认与保护

　　19世纪初，在英国学者休谟的不可知论、康德的先验主义这些理论的冲击下，自然法学说呈现衰落的迹象，历史法学派在德国兴起。至19世纪末，法律实证主义兴起。《德国民法典》将人格解释为"对于权利以及义务的承载能力"，即权利能力的概念，从此人格具有了实证法上的依据，完成了人格从自然法向实证法的转化。确切地说，人格是从"平等独立的人"出发，赋予民事主体法律地位，"民事权利能力"则是对抽象人格的具体功能和实

---

① [德]康德. 法的形而上学原理——权利的科学[M]. 沈叔平译. 北京：商务印书馆,1991: 50.

② [德]卡尔·拉伦茨. 德国民法通论（上册）[M]. 王晓晔等译. 北京：法律出版社, 2003: 47.

③ 马俊驹. 关于人格权基础理论问题的探讨[J]. 法学杂志,

际地位的阐述，两者是同一问题的两个方面，^①对于现代民法中的自然人而言，不存在人格的概念，而只存在权利能力的概念。^②

人格是主体制度层面上的概念，而人格权是民法权利体系中的一种权利类型。真正完成人格向人格权的转化是德国学者基尔克（Gierke）。1895 年，基尔克在《德国私法》一书中对"人格权"作了详尽、系统的论述，奠定了人格权理论的基础。基尔克的贡献在于：他完成了从"人对自己的权利"到"对人权"，再到"人格权"的转化。^③在罗马法、自然法学说及历史法学派的基础上，真正完成了对"人格权"概念的承认。此后，各国或地区于不同时期、以不同形式在立法中确认了对"生命""身体""健康""自由""姓名""名誉"等具体人格权益的法律保护，"人格权"这一概念被学界提出并得到广泛使用。人格权的开放性保护，始于德国法院的司法判例"读者来信案"，在立法上以《德国民法典》第 823 条的"兜底条款"及《瑞士民法典》第 28 条的"一般条款"为代表，后世学者据此提出"一般人格权"的概念和理论。但"一般人格权"并未获得世界各国或地区的普遍承认和一致认可。

第二节 人格权理论的确立

一、国外人格权理论的确立

（一）人格权概念的提出

人格（personality）来源于拉丁语 persona，原意是指戏剧中的面具，后来引申为扮演剧中演员的角色。人格的概念就是始于罗马法对 persona 的使用。罗马法借用 persona 戏剧中的角色的概念，对生物意义上的人进行类似戏剧演出中不同角色的定位，也就是在当时的社会制度中，对社会角色进行划分。

人格权概念的萌芽可以溯源至罗马时期。盖尤斯在《法学阶梯》第一编

---

① 梅夏英. 民事权利能力、人格与人格权[J]. 法律科学, 1999 (1)：56.

② 江平. 法人制度论[M]. 北京：中国政法大学出版社, 1994.

③ 徐国栋. 人格权制度历史沿革考[J]. 法制与社会发展, 2008 (1)．

里指出，人法问题上存在着自权人和他权人的划分：有些人拥有自己的权利，另一些人则隶属于他人的权利。①盖尤斯认为，罗马人被分为自权人和他权人，前者拥有对自己的权利，后者则隶属于他人的权利。"自权人的术语包含着权利主体与权利客体同一的现代人格权基本理念，它肯定为16世纪以'人对于自己的权利'的名目创立人格权理论的雨果·多诺提供过启迪。"②自权人已经具有权利主体与权利客体同一的现代人格权基本理念。遗憾的是，这一时期的人格权与现代的人格权仍然存在本质的差异，因为它只属于部分人，来自于法律或习俗的赋予，并且可以被剥夺。

受自然法影响，作为法律主体的人格经历了从身份到伦理的演变，对伦理人格的保障也是法律的任务，人应该具备自由发展自己的能力。但《法国民法典》并没有提及人格权，而是通过侵权行为法部分在第1382条对人格法益进行保护。人格权的说法曾既在法国法院的判决中出现，也在学说中出现，但是这个说法在《法国民法典》中却没有出现。其第一次出现，是在法国最高法院于1902年6月25日作出的Lecoq案的判决之中。③从学说的观点来看，这些权利在1909年由Perreau在一篇发表于《民法学季刊》的文章《人格权》中提出。《法国民法典》的拟定者完全没有关注到人格权这个领域。④Lindon在其著作的第1页对此有非常完美的表述："《法国民法典》用了174个条文来规定继承，194个条文来规定财产制度，20个条文来规定分界共有墙和沟渠，但是法律却既没有就姓氏的保护方法也没有就作家或艺术家的非财产权利做任何规定……"⑤在《法国民法典》中，人从来没有被从其自身的角度出发考虑过。其总是通过一种社会存在（伴随着姓名、家庭状况或者无行为能力的状态……）来呈现。

因此，《法国民法典》时代没有人格权概念。按照星野英一先生的观点，德国学者格奥尔格·普赫塔（Georg Friedrich Puchta，1798—1846）第一次明

---

① [意]桑德罗.斯奇巴尼. 人法（民法大全选译）[M]. 黄风译. 北京: 中国政法大学出版社, 1995: 53.

② 徐国栋·人格权制度历史沿革考[J]. 法制与社会发展, 2008 (1) .

③ Cass. civ. Baudoin et note Colin[J]. 25 juin 1902 DP 1903, 1, p. 5 concl.

④ A. Lefebre—Teillard.人身权法和家庭法的历史介绍[J]. PUF, 1996 n° 30 et 43.

⑤ R. Lindon. 人格权[M]. Dalloz, 1974 .

确提出人格权的概念。^① 1863年普赫塔在《潘德克吞教科书》中，讨论了"在人之上的权利"，即我们现代意义上的人格权，如名誉权。自此，各国民法开始使用"人格权"的概念，但它仍然与物权、债权、亲属权、继承权这些传统的民法权利不同，因为各国民法大多把"人格权"的保护或相关内容，放在主体部分或侵权行为部分加以规定。独立的人格权制度的确立不是在1907年《瑞士民法典》里完成的，而是在1960年的《埃塞俄比亚民法典》中完成的。^②

人格权经历了罗马法时期非平等性的人格，到自然法影响下的伦理性人格，再到历史法学派的权利能力的实证法规定，继而以人格权的概念出现，并以日益扩张的工具性立法技术对其保护。不断向现代意义上的人格权概念演进。

（二）人格权理论的确立和争议

现代的人格权理论是雨果·多诺提出的。^③ 雨果·多诺区分人身和物两种客体，对于人身遵循"毋害他人"的原则，对于物遵循"分给各人属于他的"原则。恰如其在《市民法评注》中指出的，"严格属于我们的，或存在于各人的人身中，或存在于外在的物中，为了它们有这两个著名的不同的法的原则：一个是毋害他人；一个是分给各人属于他的……属于前者的，有人身，属于后者的，有各人拥有的物，同时这样属于我们的，还包括对我们的债务。"^④ 以人自身为客体的即是"人对自己的权利"，即生命、身体的完整、自由、名誉。^⑤ 根据徐国栋先生的考证，第一位对人格权进行专门研究的学者是西班牙学者虢梅斯·德·阿梅斯瓜（Gomez de Amesqua），他在1609年出版的《人对于自身的权力论》中深入探讨了人对自己的权利的概念。至

---

① [日]星野英一. 私法中的人[A]. 王闯译; 梁慧星. 民商法论丛（第8卷）[C]. 北京: 法律出版社, 1997: 177.

② 徐国栋. 人格权制度历史沿革考[J]. 法制与社会发展, 2008（1）

③ Guido Alpa. Statuse Capacit[M]. Laterza: Bari- Roma, 1993: 63.

④ Hupon is DonelliOpera omnia Tomus Prinus I [M].Roma Typis JosepWSalvingggi 1828: 229. 转引自徐国栋. 人格权制度历史沿革考[J]. 法制与社会发展, 2008 (1) .

⑤ 徐国栋. 人格权制度历史沿革考[J]. 法制与社会发展, 2008 (1) ; 王利明. 试论人格权的新发展[J]. 法商研究, 2006 (5) .

1866年德国学者格奥尔格·卡尔·纽内尔在其著作《私法法律关系的性质以及种类》中认为："对于人格的权利我们的理解是：这是一种人能够自己确定自己的目的、并且能够按照确定的目的发展自己的权利。"① 而德国学者黑格尔斯博格（Regelsberger)则认为人格上的权利是人生存的根本，是最重要的私权。② 1895年，基尔克在《德国私法》一书中对人格权进行了全面的论述。至此，人格权理论得以确立。

人格权概念自提出之日起就引起了学者们的广泛热议，因此立法者们对于"人格权"这样一种特殊的民事权利抱有一种怀疑、谨慎的立场。德国立法者在《德国民法典》中没有规定"人格权"，而是通过事后救济的方法在侵权法部分规定对生命、身体、健康、自由等人格法益进行保护。该条没有在"生命、身体、健康、自由"后面加上一个"权"字，而是与后面的"所有权或者其他权利"并列。近代德国私法的奠基人萨维尼并不赞成人格权的存在：人格权是不能被承认的，因为"一个人是不能拥有对自己的身体及其各个组成部分的权利的，否则人就会拥有自杀的权利。"③ 王泽鉴教授也认为，其首要原因在于"普通法时代的德国法学者系以物权为中心建立其权利体系，认为人格权不具可支配的客体，难以纳入包括权利主体及客体的权利概念之内"。④ 德国学者霍尔斯特·埃曼则认为，一般性的人格权规定会导致承认"对自身的原始权利"，产生"自杀权"的结论，而且基于人格权的内容和范围模糊，对人格利益的损害不产生传统债法意义上的财产价值的侵害，故而不应当规定一般性的人格权。⑤

学者们人格权理论的争议并没有因此导致人格权理论的没落，反而随着时代的进步和发展，对人格权的理论及立法展开了更为广泛和深入的探讨。

---

① [德]汉斯·哈腾鲍尔. 民法上的人[J]. 孙宪忠译. 环球法律评论, 2001: 398, 399.

② 张红. 19世纪德国人格权理论之辩[J]. 环球法律评论, 2010 (1) .

③ Savigny. System des heutigen Rmischen Rechts. 1840. Bd Ⅰ S. 334.

④ 王泽鉴. 人权观保护的课题与展望（二）——宪法上人格权与私法上人格权[J]. 台湾本土法学杂志, 2006 (81) .

⑤ [德]霍尔斯特·埃曼. 德国民法中的一般人格权制度[M]. 邵建东, 等译; 梁慧星. 民商法论丛 (第23卷). 香港: 金桥文化出版公司, 2002: 413.

（三）一般人格权理论的提出与确立

杨立新先生认为罗马法有了朴素的人格理念，据此得出一般人格权的萌芽是罗马法的结论。"罗马法中的自由、市民权和名誉这三个概念，包含了现代一般人格权的一些基本内容，是一般人格权概念的萌芽。"① 这种观点值得商榷。因为罗马法将人分为自由人和奴隶，自由人又分为生来自由人和被释自由人，显然罗马法上的人格是不平等的。正如李锡鹤先生所说，罗马法中的人格具有明显的身份性和等级性，作为主体固有权利和具有平等性的人格权不可能产生。说他们是一般人格权概念的萌芽，没有根据。由于罗马法中没有人格权的概念，自然更不可能有一般人格权的概念。

法学界提及一般人格权的渊源，必会讲到德国司法判例及《瑞士民法典》。一般人格权理论渊源于德国的司法判例。一般人格权理论在被法院创制之前，法律仅仅保护人格中有关经济价值的部分，民法典仅仅保护姓名和信用评价。对于私人领域的保护是通过道德调整的，通过名誉保护精神人格。但是只要信息真实，不视为侵害他人名誉。"承认'一般人格权'是民法典第823条第1款中'其他权利'前的信息交流一直为真实原则和信息自由原则所统治。对于来自私人和隐秘领域、却又合乎实情的信息进行保护，一直只能通过道德调整来实现。"② 但现在，人格权更多地被作为一种自主引领生活的受保护权利。

上述理论在1929年基尔高等法院的一个判决得到体现，该案的被告创作的戏剧能让观众明显看出其所指的是哪个家庭，法院援引《德国民法典》第826条禁止该剧上演，认为侵害了原告的名誉。③ 在判决中，该法院公开批评了帝国法院，并强调在纯粹人身关系的整体之上，实现对人之全部领域进行全面保护的普遍法律思想，④ 具有生活上之必要性；于此，该法院是借鉴了法学文献中广为流传的一种主张：通过对制定法上规制的诸种人格权作整体

---

① 杨立新，尹艳. 论一般人格权及其民法保护[J]. 河北法学，1995 (2).

② [德]霍尔斯特·埃曼. 德国法中一般人格权的概念和内涵[J]. 杨阳译. 南京大学法律评论，2000.

③ OLG Kiel vom 29.7.1929, JW 1930, S.78ff.

④ OLG Kiel, a. a. O. S .80.

类推，来承认此种精神性的一般人格权，甚或将这种人格权当作普遍法律思想。①而且，判决强调应当对人之全部领域进行全面保护，承认精神性的一般人格权。

1933年2月2日，帝国法院却驳回了该判决所作的此种扩展。②纳粹的法律理论遵循"个人微不足道，人民才是一切"的原则，并因此将整个人格权的观念批评为自由主义和个人主义。③因此，人格权这一概念几乎彻底消失了；即使仍有论及人格权，也是强调其义务上之拘束（Pflichtverbundenheit）：人民全体的利益高于一切。④在这种法律理论的影响下，纳粹时期的一般人格权概念不可能继续存在了。

第二次世界大战结束之后，世界人民的人权保障呼声高涨，各国均开始重视对人格权的广泛保护。《法国民法典》通过第1382条和第1383条对纯粹精神性人格权进行全面保护，美国和英国也开始重视人格权的广泛保护。在全球人格权保护的潮流下，联邦德国也再次踏入人格权保护的行列，寻求与西方法律秩序的融合。⑤通过"读者来信案""骑士案""录音案"及"索拉雅案"这四个经典判例，德国一般人格权偏离了原来经济视角，开始保护纯粹的精神人格。⑥将道德规范上升到法律规范，使违反该规范的行为承担损害赔偿责任，尽管这种做法违反了民法典第253条的规定。⑦

《德国民法典》立法之初既没有规定人格权，也没有在侵权法上设立一个一般条款来保护人格法益，仅仅规定了姓名权，这不利于人格法益的全面保

---

① Gottwald （Fn.1），S. 45.

② HRR 1933, Nr. 1319.

③ Hierzu Simon （Fn. 1），S. 226 ff.

④ [德]汉斯—彼特·哈佛坎普. 1918年以来一般人格权在德国的发展[J]. 金可可译. 华东政法大学学报, 2011 (1) .

⑤ In Deutscher Perspektive Hans Stoll.pfielt sich eine neue Regelung der Verpflichtung zum Geldersatz for immate-rielle Schden. utachten zum 45. Deutschen Juristentag 1964, in: Verhandlungen des 45. Deutschen uristentages 1964, Bd.1, München 1964. S. 93ff; William Prosser, Das Recht auf Privatsphre in Amerika, in: Rabels Z 21. 1956. S. 401ff.

⑥ [德]汉斯—彼特·哈佛坎普. 1918年以来一般人格权在德国的发展[J]. 金可可译. 华东政法大学学报, 2011 (1) .

⑦ [德]霍尔斯特·埃曼. 德国法中一般人格权的概念和内涵[J]. 杨阳译. 南京大学法律评论, 2000.

护。之所以如此，因为人格法益具有伦理价值，不能作为人支配的客体。但随着社会经济的发展，侵害人格的现象越来越频繁，法院面对众多的人格纠纷出现了无法可依的困境。1954年德国联邦最高法院通过"读者来信案"承认一般人格权。该案中，被告报社刊登了原告某官员的一篇文章，原告认为该文章不实，故委托律师写信给报社要求其更正，被告报社将该信件直接刊登在读者来信专栏中，原告认为这样会使他人对原告产生了"一种不正确的人格形象"，因此诉至法院。法院则引用了《基本法》第1条第1款和第2条第1款，并将这两条宪法性规范中人格尊严引入民法，"并将之等同于第823条第1款所指的'其他权利'，从而通过民法对人格尊严进行保护。"① 在该案中，一般人格权被解释为《德国民法典》第823条第1款意义上的"其他权利"，从而填补了立法中对人格权保护的空白，将宪法保护的价值转变为现实的民事权利，使宪法对人的自由意志的保护更为可靠。② 在"读者来信案"中，法官直接援引《基本法》有关规定作为判决依据，承认一般人格权既是一种宪法予以保障的基本权利，且"它不但可以对抗国家及其机构，并且，在私法交往中，它应当受到所有人的尊重"③。

德国法院通过判例确立了一般人格权制度，此后又出现了"骑士案"④"录音案"⑤、1964年"索拉雅案"，在"骑士案""录音案""索拉雅案"中，法院运用一般人格权理论确认了肖像自决权、语言是否公开或录制的自决权及言论自由的权利。⑥ 联邦宪法法院通过"索拉娅案"的判决，确认了以往的审判实践和学说所建立的"一般人格权"法律制度的基本原则，也突

---

① [德]卡尔·拉伦茨.德国民法通论（上册）[M].王晓晔，等译.北京:法律出版社.2003:171.

② [德]海尔穆特·库勒尔.《德国民法典》的过去和现在[M].孙宪忠译;民商法论丛（第2卷）.北京:法律出版社,1994.

③ BGHZ 24, 72, 76.

④ Basil S. Markesinis & Hannes Unberath, The German Law of Torts—A Comparative Treatises[M]. 4th Ed., Hart Publishing, 2002.

⑤ Basil S. Markesinis & Hannes Unberath, T he German Law of Torts– A Comparative T reatises[M] . 4th Ed. ,Hart Publishing, 2002.

⑥ [德]霍尔斯特·埃曼.德国民法中的一般人格权制度[M].邵建东,等译;梁慧星.民商法论丛（第23卷）.香港:金桥文化出版公司,2002.

破了该法典第 253 条关于非物质损害的金钱赔偿必须在法律有明确规定的情形下才得以适用的限制。通过这一系列判决，一般人格权制度不断得以完善，从而扩大了对人格法益的保护。

大多数学者认为瑞士通过立法承认了一般人格权，表现在《瑞士民法典》第 28 条和《瑞士债务法》第 49 条。《瑞士民法典》的起草者胡贝尔等人提出了一般人格权概念，提出了一般人格权受到侵害时应适用精神损害赔偿的主张，并在立法中得到确认，在法典中单设了"人格的保护"这一专题，规定人格具有专属性，并且人格被侵害时可以请求排除妨害、赔偿损害甚至主张精神损害抚慰金。其立法旨趣在于承认一般人格权的概念，对人格保护树立原则性规定。①

通过以上对人格权理论的历史梳理可以看出，国外人格权理论的确立经过了若干阶段，从最初罗马法朴素的人格理念，到自然法时期的伦理人格，再到近现代人格权概念的提出，虽然不断出现学者的争议，但人格权从概念到理论基础，从人格权的基本构成到一般人格权等，人格权的基本理论已经形成并得以确立。

二、国内人格权理论的确立

（一）人格权概念的引入

我国人格权概念的引入体现了对世界各国制度的移植与借鉴。1928 年的《民国民法典》在人格权问题上继受了瑞士的制度，《民国民法典》区分了两对概念，分别是人格与人格权、人格权与身份权。尤其把人格权与所谓的身份权区分开来，值得称道。这是中国法律史上第一次将人格权的概念进行引入，是对于人格权加以重视的起点。但是在后来中国的经济发展和社会发展影响下人格权的发展受到了忽略。不可否认的是，中国那个特殊的时期对苏联有很大的依赖，同样也在立法上有所体现。这就导致人格权制度的独立性丧失，从属于唤作人身权的更大制度。1986 年我国《民法通则》第 2 条规定："中华人民共和国民法调整平等主体的公民之间、法人之间、公民和法

---

① 杨立新,尹艳.论一般人格权及其民法保护[J].河北法学,1995 (2):.

人之间的财产关系和人身关系"。

随着市场经济的发展和人们权利意识的增强，借民法典制定的契机，当代中国学者基本认同人格权概念的引入，亦认可在立法中对人格权予以承认和保护。2002年出台的官方的民法典草案设人格权专编，规定了7种人格权。我国目前有三个学者建议稿，特别值得一提的是，王利明教授主持的民法典草案和徐国栋教授主持的草案建议稿，这两个建议稿都对人格权下了定义，如王利明教授主持的民法典草案建议稿第291条规定："人格权，是指权利人依法固有的，以自身的人格利益为客体，为维护主体的独立人格所必备的权利。"从定义可知，人格权客体为人格利益。徐国栋教授在其《绿色民法典草案建议稿》中主张："人格权是以主体自身的人格要素为客体的权利"，强调其客体为人格要素。

（二）人格权理论的确立和争议

将人格权纳入民法作为其调整对象是借鉴苏联的理论，1961年的《苏联民事立法纲要》第1条规定的"与财产关系有关的人身非财产关系"即知识产权关系，其对立面是"与财产关系无关的人身非财产关系"，其涉及自然人和法人的名誉和尊严、自然人的肖像、通信秘密的关系，也就是人格权关系。但苏联立法者抱有物文主义的民法观，认为它不归民法调整。受前苏联立法的影响，1958年出版的我国第一部民法教科书完全从物文主义的民法观出发定义民法的调整对象："民法除了主要调整财产关系以外，还附带调整一定的人身非财产关系。"[1] 佟柔教授在中国改革开放后的第一部统编民法教材《民法原理》中把人身关系定义为"没有财产内容而具有人身属性的社会关系"，人格权作为人身关系的一部分纳入民法的调整对象。

随着中国学者人格权概念及相关理论的逐步深入研究，我国有部分学者提出所谓的人格权否认说，即不承认有所谓的人格权。[2] 其所持理由主要有两个方面：其一，一般法学理论认为人只能作为法律关系的主体，而客体则只能是主体之外的事物。如果承认人格权，无异于承认人既是主体又是客

---

① 中央政法干部学校民法教研室. 中华人民共和国民法基本问题[M]. 北京: 法律出版社, 1958.
② 李永军. 从权利属性看人格权的法律保护[J]. 法商研究, 2012 (1).

体，这种自相矛盾显然不符合法律关系的基本理论。其二，生命、身体、自由等人格利益只有在被侵害时才表现出来，此时通过侵权行为法对其进行事后救济就足以，没有必要单独设立人格权的概念。①我国部分学者认为不必引入人格权概念，只通过侵权法对人格法益进行防御性的保护。正面赋予生命、健康、身体等没有财产性的人格法益以权利并没有多少实际意义，它们不能转让，无须登记，无财产价值，这是它们与物权、债权最根本的区别。因为只有被侵犯时才有保护的必要；如果赋予这些法益以正面权利，就会出现自杀、请求他人帮助自杀、安乐死、器官买卖等道德风险。正如日本学者指出的，到目前为止的人格权基本上都具有被动性这一特征，即在受到第三者侵犯时请求保护。②

对于人格权的争议，恰恰反映了学者们对人格权的认真思考与谨慎态度。现代社会基本上没有人否认"人格权"概念及人格权的重要地位，有争议的是如何在现代民法理论的框架下对人格法益应进行周全保护的问题。由于我国长期的封建君主和家长制的绝对统治，没有独立的人格意识。因此，我国民法典更需要通过正面规定人格权的方式，对人格法益进行全面保护，这也正是本书探讨的重点。

第三节　人格权理论演进中的基本概念

一、人格权

（一）人格权的概念

关于人格权的概念，学者们众说纷纭。德国学者主要研究一般人格权，并没有形式意义的人格权概念，认为人格权是基于"对人的尊严的尊重"的权利。③日本学者比较倾向于以客体的角度定义人格权，如鸠山秀夫认为，"人格权是以自己的人格范围的构成因素如生命、身体、健康、名誉、自

①　陈民.论人格权[J]；蔡章麟.人格权、著作权、出版权[J]；郑玉波.民法总则论文选辑（上）[C].台北：五南图书出版公司，1984:351,337.

②　[日]五十岚清.人格法[M].[日]铃木贤，葛敏译.北京：北京大学出版社，2009:9-15.

③　[德]迪特尔·梅迪库斯.德国民法总论[M].邵建东译.北京：法律出版社，2000:38.

由、姓名、肖像等为客体的权利"，而另一位著名的日本学者五十岚清对此持不同的观点，认为"以具有人格属性的生命、身体、健康、自由、名誉、隐私等为客体的，为了使其自由发展必须不受任何第三人侵害的多种利益的总称"。[①]而我国台湾学者更倾向于从人格权的固有性和专属性角度界定人格权的内涵，如龙显铭认为人格权"谓与人之人格始终而不能分离之权利，亦即以人格的利益为内容的权利"，王伯琦给人格权下了一个非常简洁明了的定义，即"人格权为构成人格不可或缺的权利"。施启扬则认为"人格权者，乃存在于权利人自己人格之权利，申言之，即吾人与其人格之不可分离的关系上所享有之社会的利益，而受法律保护者是也"。[②]中国大陆民法学者有的认为："人格权是指主体依法固有的，以人格利益为客体的、为维护主体的独立人格所必备的权利。"[③]有的认为："人格权即指法律赋予权利主体为维护自己的生存和尊严所必须具备的权利。"[④]还有的认为：人格权"是权利主体所享有的行为与精神活动的自由和完整，它的基本点在于人的社会性，在法律上则表现为权利主体自身在动态方面的安全"。[⑤]

上述观点从不同角度对人格权进行界定，主要有四种观点：第一种观点，认为人格权与民事主体不可分离，强调其专属性，龙显铭即持此观点；第二种观点，主要从人格权的客体方面界定人格权的内涵，或者是人，或者是人格法益，或者是人格要素，迪特尔·梅迪库斯、申政武、鸠山秀夫和五十岚清大抵都从这个角度理解人格权；第三种观点，侧重人格权与人格的关系，认为人格权是人格不可或缺的权利，王伯琦就是从这个方面对人格权进行了简单的阐释；第四种观点是结合人格权的客体和属性界定人格权，以王利明先生的观点为代表。为了全面界定人格权的本质和特征，笔者认为王利明教授的观点能从人格权的专属性和客体两个方面充

①[日]五十岚清.人格法[M].[日]铃木贤，葛敏译.北京：北京大学出版社，2009：7.

②施启扬.民法总则[M].台北：三民书局，2005：96.

③王利明.人格权法新论[M].长春：吉林人民出版社，1994：10；杨立新.人身权法论[M].北京：中国检察出版社，1996：38.

④马原.中国民法教程[M].北京：人民法院出版社，1989：486.

⑤申政武.论人格权及人格损害赔偿[J].中国社会科学，1990（2）.

分揭示人格权的内涵。

（二）人格权的特征

通常认为，所谓人格权特征，是相对于传统的财产权而言的独特属性，学者们普遍认为人格权具有固有性、专属性和支配权属性。人格权与民事主体的存在共始终，仅因人格的取得和丧失而获得或丧失；人格权不得转让、抛弃、继承，不可与民事主体的人身相分离。[①]

1. 固有性

人格权是民事主体所固有的权利，是人之为人的基本权利，不可抛弃，不可剥夺，伴随生命始终。不像其他民事权利那样均得根据权利人自己的意思，依法律行为而取得。尽管个别人格权（如肖像权等）的权能可以转让，但人格权作为整体由权利人专有，不得转让、抛弃、继承，不可与民事主体的人身相分离。

2. 专属性

人格权作为与生俱来的权利，人身专属性为其首要性质。尽管随着人格权商品化的趋势，部分人格权如肖像权、姓名权的使用权能可以转让，但商品化的现象不适用于生命、健康、身体、自由等大部分人格权，而且人格权作为一个整体也是不得转让的。

3. 支配权

支配权与请求权是对民事权利最重要的一种分类，所谓支配权是指仅凭权利人之意志即能实现权利内容之权利，不需要他人意思的介入和他人行为的积极协助即可实现权利内容。人格权是一种不同于财产权的支配权。[②]但这里有一个引起广大学者关注和争议的问题，即生命权、身体权、健康权等与自然人身体攸关的人格权能否具有支配性质？主要疑问仍然在于：人能否对内在于人的伦理价值进行支配？人格法益能否成为人格权的客体？依据萨维尼的观点，人格法益不需要实证法的承认，直接通过刑法和民法等权利救济

---

① 杨立新. 人身权法论[M]. 第3版. 北京：人民法院出版社，2006：72-74.

② 龙卫球. 民法总论[M]. 第2版. 北京：中国法制出版社，2002：124.

法进行保护即可。① 对此，笔者认为与身体攸关、具有伦理属性的人格权在行使时不仅要受到民法基本原则的限制，还要符合伦理要求，如对于安乐死、自杀行为等的规制。因为任何权利的行使都必须受到权利不得滥用原则和公序良俗原则的限制。人格权必须为支配权，人格权的权利人有权就其人格利益直接支配，并有权禁止他人妨碍其人格权利益的实现。②

（三）人格权的要素

1. 人格权的主体

自然人是人格权的当然主体，这毫无疑义。但是法人作为市场经济社会重要的民事主体能否成为人格权主体，学者们看法不一。有肯定说和否定说两种观点，肯定说认为，法人既然成为法律认可的民事主体，就当然应该享有人格权，尽管有一些特殊的人格法益如生命、身体、健康、肖像等权利法人不能享有，但法人可以享有一般意义上的人格权，因为法人作为民事主体在民事交往活动中也具有被尊重的权利，因而享有名称权、商誉权、信用权。③ 否定说则认为，人格权是自然人专属享有的、与生俱来的权利，法人无法像自然人一样拥有生命、身体、健康、自由、肖像等利益，法人不应该享有人格权。④ "所谓法人，不过是私法上之人格化的资本。法人人格离开民事财产活动领域，即毫无意义。为此，法人根本不可能享有与自然人人格权性质相同的所谓'人格权'"。⑤ "法人的权利能力仅仅是不具伦理价值的私法上的主体资格，与承载从自然法到宪法直至私法变迁中一脉相承的伦理价值的自然人的权利能力已经相去甚远。故而，人格权仅限于自然人，而与法人无关。"⑥ 笔者认为，法人可以享有人格权，因为法人作为一种独立的民事主体，其参与民事活动必须具备法律认可的法律人格，享有名称权、名誉

---

　①[德]弗里德里希·卡尔·冯·萨维尼.萨维尼论法律关系[J].田士永译;法哲学与法社会学论丛（第7辑）.北京:中国政法大学出版社,2005:5-8.

　②王利明,杨立新,姚辉.人格权法[M].北京:法律出版社,1997:8.

　③王利明.人格权法研究[M].北京:中国人民大学出版社,2000:40-42;杨立新.人身权法论[M].北京:人民法院出版社,2002:85;张新宝.人格权法的内部体系[J].法学论坛,2003(6).

　④梁慧星.人格权:与生俱来的权利[N].工人日报,2003-2-8.

　⑤尹田.论人格权的本质——兼评我国民法草案关于人格权的规定[J].法学研究,2003(4).

　⑥石毅.浅论人格权的起源——兼谈人格权在民法典中的地位[N].人民法院报,2005-7-16.

权等，但是不可能享有普通自然人主体享有的生命权、肖像权等人格权。

2. 人格权的客体

有学者认为，人格权的客体是人格利益。①谢怀栻先生指出，"人格权是以权利者的人格的利益为客体（保护对象）的权利。"②梁慧星教授也认为，"人格权是指存在于权利人自己人格上的权利，亦即以权利人自己的人格利益为标的之权利。"③王利明教授对这一观点进行了比较全面的阐释，他指出："人格的第三种含义是从人格权的客体角度来理解的人格概念，即认为人格是一种应受法律保护的利益。"④学者们之所以普遍赞同人格利益为人格权的客体，主要源自权利本质"法力说"，依据"法力说"，权利由特定利益与法律上之力两要素构成，权利的本质就是利益。故此，人格权就应该以人格利益为客体。⑤

这种观点将利益与权利客体混为一谈，但这两个概念实际上是在不同的层次上使用的。权利所体现出来的利益包括权利客体和权利内容反映出的利益，如果说权利的客体就是利益，那么权利的客体与内容就混杂在一起，最终法理上的权利体系将会出现客体与内容不分的混乱后果。

也有学者认为，人格权的客体是人格或者人格要素，而非人格利益，因为利益本属身外之物，是不能够成为人格权这种与主体不可分离的权利的客体的。⑥"人格要素包括生命、身体、健康——可以统称为物质要素，此外尚有姓名、肖像、自由、名誉、荣誉、隐私等——可以统称为精神要素。所有人格要素构成整体结构，就是人格。"⑦人格权的客体是人格。⑧日本学者鸠山秀夫认为："人格权是以自己的人格范围的构成因素为客体的权利"。⑨

----

① 梁慧星. 民法总论[M]. 北京: 法律出版社, 2004: 113.

② 谢怀栻. 论民事权利体系[J]. 法学研究, 1996 (2) .

③ 梁慧星. 民法总论[M]. 第3版. 北京: 法律出版社, 2007: 72.

④ 王利明, 杨立新, 姚辉. 人格权法[M]. 北京: 法律出版社, 1997.

⑤ 王利明. 民法总则研究[M]. 北京: 中国人民大学出版社, 2003: 202; 梁慧星. 民法总论[M]. 第3版. 北京: 法律出版社, 2007: 70.

⑥ 张俊浩. 民法学原理[M]. 北京: 中国政法大学出版社, 2000: 141.

⑦ 张俊浩. 民法学原理[M]. 北京: 中国政法大学出版社, 2000: 10.

⑧ 马俊驹, 余延满. 民法原论[M]. 北京: 法律出版社, 2005: 102.

⑨ [日]鸠山秀夫. 日本债权法各论[M]. 转引自杨立新. 人身权法论[M]. 第3版. 北京: 人民法院出版社, 2006: 71.

我国台湾地区学者王伯琦先生指出，"人格权为构成人格不可或缺之权利"。①马俊驹教授认为：各人格要素并非内在于人格，其本身就是外部世界的一部分，从而可以作为权利客体。②

这种观点会导致对人格的重大误解，"人格要素说"，将完整的人格拆分成各种人格要素，从而人格权成为一束具体权利的集合，比如将生命作为人格权的一个要素，而不是一种独立的人格权。

另有学者认为，人格权的客体是人的伦理价值，③认为人格权与物权、债权等其他民事权利的最大差异，就在于人格权把"内在于人的事物"作为权利的客体。④这种观点认为人格权不同于其他民事权利，以"内在于人的事物"为权利客体。

伦理价值说并没有被广大学者所普遍接受，理由是违背了"权利主体不能指向主体自身"的原则，这种观点认为应当区分"外在于人的东西"与"内在于人的东西"。将人格权所保护的客体严格限制在"内在于人"的范畴，将意味着对于近代民法上人的伦理价值"本体的保护"模式的否定。由此可见，只有将人的伦理价值外在化，才会构成"权利的保护"模式，"人格权"才得以体现。

人格从其内在层面是一个伦理概念，从人格权的历史渊源的角度，自然法学说就主张过人格的伦理性，在此影响下，《法国民法典》没有提及"人格权"，只是通过侵权法对其进行保护，因而人格从其内在层面上来讲就是一个伦理概念，人格从其本质上表达了人之所以为人的根本；其次，人格还是一个现实的利益概念，它表现为利益保护的需要。因此，笔者认为应当将两种学说结合起来，人格权的客体是对内表现为人的伦理价值，对外表现为人格法益。人格权的客体不应只强调一方面，应当是伦理价值与人格法益的结合，唯有如此，才能实现对伦理性人格的权利保护。至于人格利益、人格

---

① 王伯琦. 民法总则[M]. 台湾: 国立编译馆, 1979: 57.

② 马俊驹. 从人格利益到人格要素[J]. 河北法学, 2006 (10) .

③ 马俊驹. 人格和人格权理论讲稿[M]. 北京：法律出版社, 2009: 156; 都本有, 朱振. 人格权的伦理分析[J]. 法制与社会发展, 2005 (3) .

④ 马俊驹. 人格和人格权理论讲稿[M]. 北京: 法律出版社, 2009: 426, 427.

法益和人格权益的选择，笔者更倾向于使用人格法益的概念。

（四）人格权的内容

人格权作为一项权利，必然有其特定的权利内容。何为权利内容？一部分学者认为，权利的内容是利益。例如，谢怀栻先生认为："权利的内容是指因享有权利而受到保护的利益。"① 学者汪永清认为"法律权利的内容是社会主体的一定利益和要求"。② 台湾学者史尚宽先生也持相同观点，认为"权利以有形或无形之社会利益为其内容"。③ 还有另外一种观点，认为权利的内容是权能，如张俊浩先生认为："权能，是权利的具体作用样态，是权利的内容。"④ 这种观点也得到了部分学者的同意，认为利益需要通过权能来实现，因而权利的内容为权能。⑤

正如物权是直接支配特定的物并且享受利益的权利，⑥物权的权能最直接的表现为支配权能和排他权能。债权是特定主体之间的请求为特定行为或不为特定行为的权利，债权的权能表现为请求权能。如前面所述，人格权与物权一样，为支配权和排他权，人格权的内容应该是人格权主体依其权利所享有的权能并依此权能实现权利人的人格法益。具体而言，人格权的权能包括积极权能和消极权能。积极权能是指权利人有权在法律规定的范围内，为一定行为或不为一定行为，积极利用自己的人格权，如将隐私告诉自己的好友，将日记出版，或者将肖像授权许可给他人使用；消极权能是指当人格权受到他人侵害时，得向加害人或者人民法院请求加害人为一定行为或者不为一定行为，以回复人格权的圆满支配状态或者防止妨害的权利。⑦ 总之，人格权的积极效力表现为支配权能；消极效力表现为人格权请求权。⑧

人格权请求权包括两项内容：在人格权有受到侵害之虞时，可以请求停

---

① 谢怀栻. 论民事权利体系[J]. 法学研究, 1996 (2).

② 汪永清. 论法律权利特征[J]. 法学杂志, 1988 (2).

③ 史尚宽. 民法总论[M]. 北京: 中国政法大学出版社, 2000: 248.

④ 张俊浩. 民法学原理（上册）[M]. 北京: 中国政法大学出版社, 1997: 75.

⑤ 郑永宽. 人格权概念解析[D]. 北京: 中国政法大学出版社, 2006.

⑥ 佟柔. 中国民法学. 民法总则[M]. 北京: 中国人民公安大学出版社, 1990: 55.

⑦ 杨立新. 中国人格权法立法报告[M]. 北京: 知识产权出版社, 2005: 252.

⑧ 张俊浩. 民法学原理（上册）[M]. 北京: 中国政法大学出版社, 2000: 10.

止侵害；在受到现实的侵害时，可以请求排除妨害、消除危险。①人格权请求权作为人格权的权利内容，同时也是人格权的保护方法。人格权请求权类似于物权请求权，不能适用诉讼时效，不同于债权请求权的保护方法，不以加害人主观上有过错为要件。

二、一般人格权

《德国民法典》没有明文规定一般人格权，现代民法意义上的一般人格权概念滥觞于第二次世界大战后的德国判例。②德国司法实践主要是通过总结案例并进行类型化，也没有关于一般人格权的确切含义。德国联邦最高法院在"读者来信案""骑士案""录音案"及"索拉雅案"的判决中，通过三个步骤确立起了"一般人格权"的概念："第一阶段，联邦最高法院将一般人格权理解为自决权；第二阶段，将这项自决权限制在一个特定的领域内；第三阶段，在上述特定领域内，在中等程度的抽象高度层面上，根据人民大众中行之有效的生活准则与礼仪规则，进行法益权衡与利益权衡。"③通过这三个阶段来不断缩小和明确自决权的内涵以确立一般人格权的概念。德国的学者则对一般人格权的概念有不同的观点，如拉伦茨教授认为，一般人格权包含受尊重的权利、直接言论不受侵犯的权利以及不容他人干预其私生活和隐私的权利。④拉伦茨教授的观点接近于我们通常意义上对人格权的界定，从人格尊严的角度来理解人格权。梅迪库斯教授是通过例举的方式，以一般人格权的实际功用的角度来界定一般人格权，其认为，一般人格权扩大了《德国民法典》对名誉保护的范围；用来避免使人在公众中产生一种错误的形象；旨在保护个人的隐私领域不受他人不法侵入；用作抵抗不请自送的广告的法律手段。⑤施瓦布教授则根据一般人格权的受侵害类型，归纳出一般人格权的主要表现：（1）未经本人允许而制造、传播或公开展出一个人的肖

---

① 李新天. 对人格权几个基本理论问题的认识[J]. 法学评论, 2009 (1) .

② [德]卡尔·拉伦茨. 德国民法通论（上册）[M]. 王晓晔, 等译. 北京: 法律出版社, 2003: 110.

③ 周晨, 张惠虹. 中德民法中一般人格权制度之比较[J]. 德国研究, 2003 (2) .

④ [德]卡尔·拉伦茨. 德国民法通论（上册）[M]. 王晓晔, 等译. 北京: 法律出版社, 2003: 170, 171.

⑤ [德]迪特尔·梅迪库斯. 德国民法总论[M]. 邵建东译. 北京: 法律出版社, 2000: 807.

像；（2）未经本人允许而制造和使用一个人的以技术手段记录固定的声音；（3）公开曲解或强加于人；（4）未经本人允许而将一个人的生平事略使用于艺术表演或娱乐业的表演；（5）未经本人允许为做广告之目的而使用一个人的姓名、肖像或其他身份特征；（6）在公众中贬损一个人的声誉；（7）侵害一个人的作为特别应予保护的自我决定和自我实现领域的个人隐私；（8）提取、储存、处理和使用个人数据信息，即使此种数据信息不属于私人领域，也违反个人的"信息自决"权。①施瓦布教授的归纳比较详细，来自于对司法实践的总结，但实践中一般人格权受侵害的类型是无法穷尽的，所以这种定义方式只是对司法具有一定指导意义，其本身并不具备概念的抽象性特征。综上，上述观点都是通过总结一般人格权的范围来表述一般人格权的概念，后两位学者都是通过总结一般人格权在实践中的表现来阐述一般人格权的内涵，本身并不具有高度抽象性，而拉伦茨教授的观点相对而言具有一定的抽象性。基于社会生活的无限复杂性及对人类有限理性的承认，法学家不可能穷尽一般人格权包含的所有范围。

依通说，一般人格权"是一种母权，也是一种发展中的概念"。②作为一个如此抽象的概念，我国学者对它的内涵有不同的观点，一是认为一般人格权指关于人之存在价值及尊严的权利，是以主体全部人格法益为标的的总括性权利，具有发展性、开放性。③由于一般人格权与人格权都是很难确定内涵的概念，因而我国学者观点也不统一。第一种观点是以梁慧星先生为代表，认为一般人格权是关于人的存在价值及尊严的权利。二是认为，一般人格权作为相对具体人格权而言的概念，是指公民或法人享有的并且决定具体人格权的一般人格利益。④第二种观点是以王利明先生早期的观点为代表，认为一般人格权是与具体人格权相对的一个概念，本质是一般人格利益。三是指自然人和法人享有的，概括人格独立、人格自由、人格尊严全部内容的

①[德]迪特尔·施瓦布.民法导论[M].郑冲译.北京：法律出版社，2006：209-214.

②王泽鉴.民法学说与判例研究（第4册）[M].北京：中国政法大学出版社，1998：265.

③梁慧星.民法总论[M].北京：法律出版社，2004：105.

④王利明.人格权法新论[M].长春：吉林人民出版社，1992：162.

一般人格法益，并由此产生和规定具体人格权的基本权利。[①]第三种观点是以杨立新先生为代表，认为一般人格权是"自然人和法人享有的，概括人格独立、人格自由、人格尊严全部内容的一般人格利益，并由此产生和规定具体人格权的基本权利。"国内的几种观点都是从一般与特殊这种哲学关系的角度出发界定一般人格权，都有其合理性。上述观点基本上均将一般人格权内容解释为包括人格独立、人格自由、人格平等、人格尊严。其中，人格独立是为其前提；人格自由为其本质要求；人格平等为其保障；人格尊严则系其核心。并且三种观点都认为一般人格权具有普遍性、高度概括性和法定性、"兜底条款"的性质。所不同的是，第一种观点认为其本身就是一种总括性权利，没有凸显一般人格权的真正性质；第二种观点认为一般人格权是具体人格权的渊源权，那么怎么解释人格权与具体人格权的关系？此时一般人格权与人格权就是同一个概念；第三种观点认为一般人格权的属性是基本权利，而不是民事权利，这是宪法权利在民法领域的一种宣示，能够直接适用于平等主体之间吗？一般人格权的概念界定，至少需要论证如下三个问题：第一，一般人格权的属性是权利吗？第二，一般人格权与人格权、具体人格权之间的逻辑关系如何？第三，一般人格权究竟是宪法上的权利，还是私法上的权利？关于这三个问题，将在下面展开详细的论述。

三、具体人格权

学者们将人格权分为一般人格权和具体人格权，具体人格权被视为与一般人格权相对应的、以具体人格法益为客体的人格权，成为我国人格权理论中广为使用的概念。但是具体人格法益的外延与内涵究竟是什么却见仁见智，具体人格权与一般人格权的界限也很模糊。甚至有学者提出反对一般人格权与具体人格权的分类。[②]国外立法者则对具体人格权的态度不一。例如，瑞士基本不承认具体人格权的存在，《瑞士民法典》仅明文规定了一种具体人格权——姓名权，其他人格法益的保护都通过该法典第28条的规定来

---

① 杨立新. 人格权法专论[M]. 北京: 高等教育出版社, 2005: 122.

② 江平. 民法学[M]. 北京: 中国政法大学出版社, 2007: 72.

完成。德国列举的具体人格法益包括《德国民法典》第12条规定的姓名权及特别法中规定的对肖像的权利、著作人格权、数据保护权等类型。①对上述规定之外的人格法益的保护都是通过一般人格权来实现的。

尽管如此，我们还是有必要对一些在现行立法上已经得到承认的具体人格权进行归纳总结，并将其纳入到未来民法典中，以实现限制法官的自由裁量权，保护法律的安定性、人格保护具体化的立法目标。通说认为，具体人格权包括身体权、生命权、健康权、自由权、隐私权、姓名权、肖像权、名誉权、荣誉权。其中1986年的《中华人民共和国民法通则》第98~103条规定了生命权、健康权、姓名权、肖像权、名誉权、荣誉权、婚姻自主权，2009年的《中华人民共和国侵权责任法》第2条规定了隐私权。我国具体人格权的立法采取列举式的立法模式，容易遗漏现实生活中需要保护的人格法益，而且没有对每种具体人格权的内涵进行明确界定。身体权，是指自然人保持其自身组织完整并支配其肢体、器官和其他身体组织的权利。生命权，是指以自然人享有的以生命安全和安宁为内容的权利。②但是生命权以保护自然人生命的延续为内容，健康权保护身体各组织及整体功能正常，身体权所保护的是身体组织的完整及身体组织的支配。姓名权，是指自然人享有决定、变更和使用其姓名的权利，包括姓名决定权、姓名变更权、姓名使用权。名称权，是指自然人以外的特定团体享有决定、变更、使用和转让其名称的权利，包括名称决定权、名称变更权、名称使用权、名称转让权。肖像权是指自然人对自己的肖像享有的形象再现、专属使用并排斥他人侵害的民事权利，包括再现权和使用权。禁止未经许可使用他人肖像，禁止歪曲、丑化他人肖像。荣誉权是指民事主体对自己荣誉享有的不被非法剥夺和排除非法侵害的民事权利。婚姻自主权是确立民事主体在婚姻缔结、解除问题上的自主决定权，它包括"恋爱自主权、结婚自主权和离婚自主权三个方面"。③信用权是指民事主体享有并支配其信用利益的人格权。隐私权是自然人享有的私

---

① Dieter Medicus, Allgemeiner Teil des BGB, 9. Auflage, C. F. Müller, S420ff.

② 魏振瀛. 民法[M]. 第4版, 北京: 北京大学出版社, 2010: 623.

③ 杨立新. 人身权法论[M]. 北京: 中国人民检察出版社, 1995: 504.

人生活安宁与私人信息秘密依法受到保护，不受他人非法侵扰、知悉、搜集、利用和公开的一种人格权，①包括个人生活安宁权、个人生活信息保密权、个人通信秘密权、个人隐私使用权。还有一些学者认为应当包括自由权，包括身体自由和精神自由的权利。②但有一部分学者认为自由权应当是一般人格权的应有之义，是人格权的固有内容。③笔者认为平等、自由是人格权的固有内容，自由就是身体自由和意志自由，统辖整个私法领域，因此不适合成为一项具体人格权。由此可见，立法者未来需要在民法典中对每种具体人格权的内涵进行明确界定，以避免司法实践中见仁见智的同案不同判的结局。

此外，随着社会的发展，一些非典型的人格法益逐渐成熟，可能需要得到立法的承认与保护。非典型的具体人格权是随着社会发展而产生的新型人格法益，为了扩大人格权保护范围而不断予以承认的人格权，目前被学者们普遍热议和推崇的非典型人格权主要有信用权、性自主权、个人信息权、环境人格权。信用权是一种独立的人格权，主要理由是信用在商品经济社会对于自然人人格具有重要价值，且信用权确有名誉权容纳不了的内容，二者性质又有区别，故有特别予以法律保护的必要。④性自主权，是指"人在遵循法律和公序良俗的前提下，自主表达自己的性意愿和自主决定是否实施性行为和以何种方式实施性行为，实现性欲望而不受他人强迫和干涉的权利。"⑤婚姻自主权与性自主权的内涵不同，不能代替婚姻自主权，但是实践中出现的所谓"贞操权"可以用性自主权来替代。因为"贞操权"有对妇女进行特殊保护的含义，故性自主权可以实现性自主方面的男女平等。个人信息权是信息时代产生的一项新权利，是指以对具备识别性的个人信息为客体的人格权。个人信息有财产属性和人格属性，故也应当属于一种具体人格权。环境人格权是指"人们在享

---

① 张新宝. 隐私权的法律保护[M]. 北京: 群众出版社, 2004: 11.

② 温世扬. 略论人格权的类型体系[J]. 现代法学, 2012 (7).

③ 杨立新. 人格权法专论[M]. 北京: 高等教育出版社, 2005: 122; 王利明. 人格权法研究[M]. 中国人民大学出版社, 2005: 160; 梁慧星. 民法总论[M]. 第3版. 北京: 法律出版社, 2007: 126, 127; 尹田. 论一般人格权[J]. 法律科学, 2002 (4).

④ 张俊浩. 民法学原理[M]. 北京: 中国政法大学出版社, 2000: 158.

⑤ 郭卫华. 论性自主权的界定及其私法保护[J]. 法商研究, 2005 (1).

有环境资源的生态价值和艺术欣赏价值的基础上，对适宜生活环境的追求，并在其中生存和发展的权利。"① 目前，非典型人格权只是作为一种法益，或者一般人格权获得法律的保护。如果成为民法典中的具体人格权还有待深入研究。

学者们对具体人格权还进行了各种标准的学理分类，以期对人格权立法有所裨益。例如，徐国栋先生将具体人格权分为保障自然人的自然存在的人格权和保障自然人的社会存在的人格权。前者是指为维持自然人作为生命个体的存在所必需的人格权，有生命权、自由权、家庭权等；后者是指为维持自然人作为社会关系的健全主体所必要的人格权，有平等权、姓名权、肖像声音权、名誉和荣誉权、私生活权、归属权等。② 张俊浩先生认为具体人格权可以分为"物质性人格权和精神性人格权。物质性人格权是指自然人对于物质性人格要素的不可转让的支配权，包括生命权、身体权、健康权和劳动能力权等；精神性人格权是指自然人对其精神性（心理性）人格要素的不可转让的支配权的总称，包括标表型人格权、自由型人格权、尊严型人格权。"③ 这些分类对具体人格权的类型化具有一定的理论意义，但是对于立法实践和司法实践的指导意义不是很强。立法确认具体人格权就必须对其内涵进行明确规定，对于法官而言尽可能明确比所谓的类型化更为重要。

第四节　人格权理论演进中的立法实践

一、国外人格权立法实践

（一）德国法

《德国民法典》第 12 条规定了姓名权，而第 823 条第 1 款对"生命、身体、健康和自由"没有缀以"权利"二字。德国学者梅迪库斯认为，民法典有意识地既未将一般人格权，也未将名誉权纳入第 823 条第 1 款所保护的法益范围之内。《德国民法典》第 823 条规定了"生命、身体、健康、自由"等

---

① 罗政. 论环境人格权及法律救济[D]. 南昌: 江西财经大学, 2013.

② 徐国栋. 民法总论[M]. 北京: 高等教育出版社, 2007: 302 .

③ 张俊浩. 民法学原理[M]. 北京: 中国政法大学出版社, 2000: 142-158.

人格法益的保护，没有对一般人格法益进行概括式的规定和总体性保护，名誉、肖像、隐私等都没有纳入第823条第1款的条款之中。①《德国民法典》的起草者温特夏德等人认为民法典不应规定一般的保护人格权条款，理由是：（1）受传统理论影响，不可能存在人之"对自身的原始权利"，否则就会产生人享有"自杀权"的推论；（2）人格权受到侵害不具有财产价值，因而无法产生传统意义之债；（3）对于人格权的内容和范围无法予以充分明确的界定。②《德国民法典》没有规定人格权的理由正是我们前面已经阐述过的三项理由，第一项理由已因生命、身体、健康等自然权利在法律中的明文规定（如《德国民法典》第823条第1款）而被突破。而第二项理由也因非财产性质损害的赔偿为各国或地区民法所普遍承认而被推翻。只有第三个原因，即人格权内容和范围上的不确定性与模糊性使这一权利难以通过法律的具体规定而确定其明确的界限。"这样的权利的范围和界限无法清晰地界定，以至于（如果承认它）会给法官带来过大的权力和责任。"③卡尔·拉伦茨主张，《德国民法典》之所以没有规定一般人格权，是因为难以给这种权利划界，而划界则明显地取决于具体案件财产或利益的相互冲突，或究竟哪一方有更大的利益。因此，卡尔·拉伦茨认为《德国民法典》没有规定一般人格权的理由就权利界限模糊导致司法实践中利益平衡的难度加大。

1900年实施的《德国民法典》第823条第1款规定："因故意或者过失不法侵害他人生命、身体、健康、自由、所有权或者其他权利者，对他人因此而产生的损害负赔偿义务。"这是该法典对侵权行为的概括规定。④《德国民法典》第823条第1款是德国民法对侵权行为的一般性规定。德国民法保护三种权利，第一种是法律明文规定的绝对权，第二种是受到其他法律明确保护的利益，第三种是被违反善良风俗方式的行为侵害的利益。《德国民法典》第253条又规定："损害为非物质上的损害时，仅在法律有规定的情形下，始得要求

---

① [德]迪特尔·梅迪库斯. 德国民法总论[M]. 邵建东译. 北京：法律出版社, 2000: 805.

② [德]霍尔斯特·埃曼. 德国民法中的一般人格权制度[M]. 邵建东, 等译；梁慧星. 民商法论丛（第23卷）. 香港：金桥文化出版公司, 2002.

③ [德]霍尔斯特·埃曼. 德国法中一般人格权的概念和内涵[J]. 杨阳译. 民商法学, 2001 (5).

④ [德]马克斯米利安·福克斯. 侵权责任法[M]. 齐晓琨译. 北京：法律出版社, 2004: 3, 4.

以金钱赔偿损害。"第253条规定只在法律规定情形下适用精神损害赔偿。

在一般人格权由司法判例确认之前，德国民法采取的是较狭窄的具体或特殊人格权制度，[①]包括生命权、身体权、健康权、自由权、信用权、妇女贞操权、自然人姓名权、肖像权、著作权等。[②]其中生命、身体、健康、自由均没有命名为权利（《德国民法典》第823条第1款），具体人格权有姓名权（《德国民法典》第12条）、个人形象的权利（《德国艺术家和摄影作品著作权法》），其他的人格法益通过《德国民法典》第823条第2款来获得保护。因此，德国法官通过判例创立了一般人格权，拓宽其保护范围，以解决未被权利化的人格法益保护的请求权基础问题。

一般人格理论源起于德国，在德国最具影响力，然而德国成文法中却没有任何条款规定一般人格权。德国司法行政部1967年的《损害赔偿法修正草案》曾拟通过《德国民法典》第823条第1款将一般人格保护纳入其中，规定："因故意或过失，不法侵害他人之生命、身体、健康、自由或名誉，或以其他方法侵害他人人格者，对该他人因此所生之损害，负赔偿责任。因故意或过失，不法侵害他人之所有权或其他权利者亦同。"[③]该草案最终并没有通过。根据2002年德国《关于修改损害赔偿法规定的第二法案》的立法理由的表述，立法者至少在短时间内，还没有对一般人格权进行立法的意图，而是有意将这一制度继续发展的任务留给了判例和学说。

综上，《德国民法典》缺乏对人精神利益损害的法律救济手段。立法者立法时考虑到精神损害利益难以量化，而且认为人格利益应当高于物质利益，不应当用物质去量化，故而立法者对于精神性人格利益损害的保护持谨慎态度。[④]

（二）法国法

《法国民法典》第1382条规定："人的任何行为给他人造成损害时，因其过错致该行为发生之人应当赔偿损害。"由此可见，法国法的侵权行为认定

---

① 龙卫球.论自然人人格权及其当代发展进程——兼论宪法秩序与民法实证主义[M].清华法学（第2辑）.北京:清华大学出版社,2003.

② [德]迪特尔·梅迪库斯.德国民法总论[M].邵建东译.北京：法律出版社,2000.

③ 邱聪智.民法研究（一）[M].北京:中国人民大学出版社,2002:120.

④ 王泽鉴.民法学说与判例研究（第8册）[M].北京:中国政法大学出版社,1998:98.

需要满足过错、损害、因果关系三个构成要件即可，并不要求行为的违法性要件。"《法国民法典》第 1382 条对受害人因他人行为遭受损害时的保护并未设不同之条款，无须区分受害人之损害是因权利还是因权利之外的法益遭受侵害所造成的结果，也因此，法国法的一般侵权责任法之立法模式被称为一般条款模式。"①《法国民法典》不考虑行为的违法性，以补偿受害人的损害为优先的价值理念。因此，法国侵权法既保护绝对性权利，也保护法益。它不需要再规定保护人格法益的一般条款，既节省了立法成本，又不影响人格的开放性保护。当然，一般条款的适用有赖于司法实践中的个案判断。法国法的一般条款模式虽然节省立法成本，但大大增加了法国法院利益权衡的任务，主要问题在于如何认定其应受保护的权益，尤其是纯粹经济上的损失，法官需要针对具体个案进行法律解释，导致法国侵权法具有英美法系判例法的性质。②因此，法国法没有关于人格权的一般规定，也不区分人格权和人格法益，而是通过侵权法一般条款对人格法益进行全面的保护。

（三）瑞士法

《瑞士民法典》创设了"人格的一般规定"和"人格的保护"专题，其第 28 条第 1 项规定，"人格受到不法侵害时，为了寻求保护，可以向法官起诉任何加害人"；第 28 条第 1 款直接使用了"人格"的概念，但没有区分权利和法益，对人格进行全面的保护。人格保护的一般规定在总则的民事主体部分，可见，瑞士法并没有将人格权作为一种独立的民事权利进行确认，而是将人格视为主体的一部分进行保护。这种立法模式被很多国家所效仿，如我国台湾地区"民法典"第 18 条也借鉴了《瑞士民法典》的这一表述，规定"人格权受侵害时，得请求法院除去其侵害；有受侵害之虞时，得请求防止之"。瑞士法将人格一般保护的内容放在民事主体部分规定，且并没有关于人格的确切含义的规定。

（四）日本法

《日本民法典》在第 710 条只列举了有限的三种人格法益，即身体、自由、名誉获得法律的保护，并承认精神损害的赔偿："不问是侵害他人身

---

① 王泽鉴. 侵权责任法（第 1 册）[M]. 北京: 中国政法大学出版社, 2001: 40-47.

② 王泽鉴. 侵权行为[M]. 北京: 北京大学出版社, 2009: 218.

体、自由或名誉情形，还是侵害他人财产权情形，依前条规定应负赔偿责任者，对财产以外的损害，亦应赔偿。"第711条特别规定了对于生命权受侵害时应赔偿："害他人生命者，对于受害人的父母、配偶及子女，虽未害及其财产权，亦应赔偿损害"。日本第二次世界大战修宪，宪法第13条明确规定"凡国民之人格，均受尊重"。1947年4月19日制定的《日本国宪法施行后民法应急措置之法律》第1条规定，"本法律之目的，在于新宪法实行后，就民法方面，以个人之尊严，与两性之本质的平等为基础，为应急的措施"。该条款承认了平等主体之间人格尊严的侵害将受到法律规制。1948年1月1日正式施行的《改正民法一部分之法律》在民法设置第1条之二规定："对于本法，应以个人尊严及两性实质的平等为本旨而解释之。"在日本，虽然有人主张应承认一般人格权，但主流观点认为日本民法无须承认一般人格权。"在关于由自己的行为造成损害的侵权行为的场合，日本民法第709条在解释时认为，该条的'权利的侵害'与法国民法第1382条同样包含了广泛的各种'法律上应受保护的利益的侵害'，因此，不存在作为认定损害赔偿的前提而承认上述'权利'的实益"。①其《民法典》第709条面临对人格权保护过窄的问题，但对于承认一般人格权的压力，日本最高法院却选择对权利作宽泛解释的方式，认为《日本民法典》第709条中的"权利的侵害"与《法国民法典》第1382条一样，包括了广泛的法律上应受保护的利益，日本法虽未规定一般人格权，但司法实践中法院将权利侵害扩大到法益的侵害，②因而规避承认一般人格权。日本法一般人格权制度的特点是将侵权法保护的对象从权利扩大到法益，并没有关于一般人格权的专门规定。

（五）俄罗斯法

俄罗斯联邦1991年11月22日通过《人和公民的权利和自由宣言》，在序言中指出："确认人的权利和自由及其人格和尊严是社会和国家的最高价值"。俄罗斯将人格权作为一种宪法性权利进行保护。1995年1月1日和1996年3

---

① [日]星野英一. 私法中的人——以民法财产法为中心[M]. 王闯译; 梁慧星. 民商法论丛（第8卷）. 北京: 法律出版社, 1997: 181.
② [日]圆谷峻. 判例形成的日本新侵权责任法[M]. 赵莉译. 北京: 法律出版社, 2008.

月 1 日分期实施的《俄罗斯联邦民法典》明确规定了人格权。该法典第 8 章非物质利益及其保护第 150 条（非物质利益）全面列举了生命权、健康权、个人尊严权、名誉权、隐私权、姓名权等各种具体人格权受到民法的保护，对死者的人格法益保护也进行了规定："公民与生俱来的或依法享有的生命权和健康权，个人尊严权，人身不受侵犯权，人格与名誉权，商业信誉，私人生活不受侵犯权，个人秘密和家庭秘密，自由往来，选择居所和住所的权利，姓名权，著作权，其他人身非财产权利和其他非物质利益是不可转让的，并且不得以其他方式移转。在法律规定的情况下和依照法律规定的程序，属于死者的人身非财产权利和其他非物质利益，可以由他人行使和保护，其中包括由权利人的继承人实现和保护"。第 151 条规定了精神损害的赔偿；第 152 条规定了名誉、尊严和商业信誉的保护。俄罗斯法明确承认了人格权，并对其精神损害赔偿也予以认可。特点是具体人格权与人格权"兜底条款"同时规定。

世界上其他一些国家如丹麦、芬兰、挪威、瑞典、巴西等国家也通过不同形式来保护人格权益，但不会从教条上涉及所谓的一般人格权。① 一般人格权在世界各国法律制度中从未明文规定，"一般人格权其始终并不是以一种权利形态在制度中存在"。②

二、我国人格权立法实践

（1）我国《宪法》第 37 条、第 38 条规定了人身自由和人格尊严不受侵犯。③ 宪法规定是公民据以对抗国家不正当干涉的依据，不能作为平等主体之间人格权纠纷的判决依据。因此，不是民法上的一般人格权。

（2）我国有关人格权的民事立法最早见诸于《中华人民共和国民法通则》（以下简称《民法通则》）。我国 1986 年《民法通则》第一次确认了私法意义上的人格权。第 5 章"民事权利"专设"人身权"（第 4 节），"人身权"

---

① [德]克雷斯蒂安·冯·巴尔. 欧洲比较侵权责任法（下卷）[M]. 焦美华译. 北京: 法律出版社, 2004: 102-104.

② 熊谞龙. 权利, 抑或法益[J]. 比较法研究, 2005 (2).

③ 《宪法》第 37 条："中华人民共和国公民的人身自由不受侵犯"。第 38 条："中华人民共和国公民的人格尊严不受侵犯。禁止用任何方法对公民进行侮辱、诽谤和诬告陷害"。

这一节规定了生命、健康、姓名、名称、肖像、名誉、荣誉、婚姻自主权，实际上没有关于身份权的规定，因而这一节的内容实际为"人格权"。这些具体人格权具有明确的内涵，作为典型人格权受侵害的判决依据。

我国采取的明确承认人格权，并将人格权作为一种独立的民事权利予以规定的立法模式，既宣示了人格权的重要地位，同时也有利于人格权的保护。当时，这样的立法例为世界人格权立法的新模式，大大提高了人格权作为独立民事权利的重要性，受到海内外法学界的一致好评，被誉为中国的人权宣言和民事权利宣言书。①

我国《民法通则》除了在民事权利部分承认人格权，第106条第2款②和《中华人民共和国侵权责任法》第2条第1款③都规定了人格权的法律救济，这两条规定都概括性地规定了侵害合法人身权益的行为将承担侵权责任。近年来，这两条通常被作为司法实践中人格权纠纷案件的判决依据，但是侵权责任法仅仅是权利救济法，而不是权利确认的法。我国正处于民法典立法的时期，目前人格权独立成编依然成为学界的主流意见，因此在人格权编确认应受保护的人格权是必不可少的。因此，这两条仍然不是一般人格权的规定。

（3）《中华人民共和国侵权责任法》第2条第2款以"概括＋列举"的方式对其所保护的"民事权益"范围作了详细规定，其中包括若干具体人格权及人格法益。④从人格权保护的角度来看，这条法律规定有三个方面的特点：①对主要种类的人格权进行列举性规定，包括生命权、健康权、姓名权、名誉权、荣誉权、肖像权、隐私权，将"隐私"上升为人格权之一种，使其摆脱名誉权的束缚，成为独立的人格权；②缺乏对"人身自由"的规定，也没有关于"身体权"的规定，对"人格法益"没有规定；③使用"等

---

① 梁慧星.民法总论[M].北京:法律出版社,1996:71;杨立新.从民法通则到精神损害赔偿司法解释——人格权法的产生、发展与展望[EB].http://article.chinalawinfo.com/Article_Detail.asp?ArticleID=35270,2011-11.

② 《民法通则》第106条第2款:"公民、法人由于过错侵害国家、集体的财产,侵害他人财产、人身的,应当承担民事责任。"

③ 《侵权责任法》第2条第1款:"侵害民事权益,应当依照本法承担侵权责任。"

④ 《侵权责任法》第2条第2款:"本法所称民事权益,包括生命权、健康权、姓名权、名誉权、荣誉权、肖像权、隐私权、婚姻自主权、监护权、所有权、用益物权、担保物权、著作权、专利权、商标专用权、发现权、股权、继承权等人身、财产权益。"

人身、财产权益"作为"兜底条款",便于未来通过新的法律或者司法解释对目前尚未列举的权利和利益包括人格法益予以确认和保护,非典型的权利与法益,均可纳入侵权责任法的保护范围。我国的侵权责任法对侵权责任的构成采取了一般条款模式,就没有必要再使用一般人格权概念了。

(4)最高人民法院颁布的多个司法解释补充、完善了我国的人格权规定。《民法通则》关于人格权的规定不够全面,如规定的人格权类型有限、关于身体权的规定不明确、缺乏对隐私权和人身自由权的规定等。因此,最高人民法院在总结审判经验的基础上,又陆续出台了若干司法解释,以补充《民法通则》规定的不足。

1988年最高人民法院《关于贯彻执行〈中华人民共和国民法通则〉若干问题的意见》首次涉及"隐私",将揭露和宣扬自然人隐私的行为规定为"侵害名誉权"的行为,隐私权作为一种名誉权的保护范围获得间接保护。

2001年最高人民法院《关于确定民事侵权精神损害赔偿责任若干问题的解释》(以下简称《解释》)无疑在完善我国人格权制度方面发挥了重要作用。《解释》第1条规定了若干具体人格权受侵害可以主张精神损害赔偿,进一步完善了对人格权的保护。其最大的亮点是第1条第2款以弹性条款的方式规定了对人格法益的保护。①大多数学者认为《解释》规定了一般人格权。《解释》将人格尊严权与其他具体人格权并列,参与起草《解释》的陈现杰博士作了如下说明:"值得特别指出的是,'人格尊严'在理论上被称为'一般人格权',是人格权利一般价值的集中体现,因此,它具有补充法律规定的具体人格权利立法不足的重要作用。《解释》的规定实现了精神损害赔偿范围从'具体人格权'到'一般人格权'的发展,是人格权司法保护的又一重大进步。但在处理具体案件时,应当优先适用具体人格权的规定,而将一般人格权作为补充适用条件。""《解释》明确规定违反社会公共利益、

---

① 《最高人民法院关于确定民事侵权精神损害赔偿责任若干问题的解释》第1条规定:"自然人因下列人格权利遭受非法侵害,向人民法院起诉请求赔偿精神损害的,人民法院应当依法予以受理:(一)生命权、健康权、身体权;(二)姓名权、肖像权、名誉权、荣誉权;(三)人格尊严权、人身自由权。违反社会公共利益、社会公德侵害他人隐私或者其他人格利益,受害人以侵权为由向人民法院起诉请求赔偿精神损害的,人民法院应当依法予以受理。"

社会公德侵害他人人格法益构成侵权，将包括隐私在内的合法人格法益纳入到直接的司法保护中，完善了对人格法益提供司法保护的法律基础，同时对完善侵权法的结构体系和侵权案件的类型化也会产生积极的促进作用。"该说明认为《解释》中的"人格尊严"可以解释为一般人格权，能够实现对人格权的开放性保护。① 《解释》明确规定了身体权、人身自由权、人格尊严权及对隐私的保护，同时还对死者的人格法益、具有人格象征意义的特定纪念物品的人格法益等予以确认和保护；规定了《民法通则》中没有规定的身体权、人身自由权、人格尊严权及隐私利益、死者人格法益等，进一步完善人格权制度。该条似乎有意借鉴德国法中的三小段："（三）人格尊严权、人身自由权"，国内部分学者认为"（三）人格尊严权、人身自由权"就是一般人格权的规定。由于一般人格权的本质是一般条款，而将人格尊严、人身自由界定为一种权利，这本身不甚合理，因为人格尊严与人身自由很难界定，是不能作为一种具体权利进行规定的。再者，"违反社会公共利益、社会公德侵害他人隐私或者其他人格利益"由于增加违反公序良俗的条件也不应视为一般人格权。此外，司法解释的效力位阶低于法律，只是作为法院在具体案件中的指导性意见，不能享有强制的法律效力。

（5）单行法规中关于人格权的规定。《中华人民共和国消费者权益保护法》（以下简称《消费者权益保护法》）第 14 条规定消费者的人格尊严应受尊重，第 27 条规定不得侵犯消费者的人身自由；《中华人民共和国未成年人保护法》（以下简称《未成年人保护法》）第 39 条规定不得披露未成年人的个人隐私。至于特殊群体的人格权，我国也分别在不同的单行法规中作出规定。《消费者权益保护法》第 14 条和第 27 条分别规定了消费者人格尊严和人身自由受保护；《未成年人保护法》第 39 条规定了未成年人的隐私受保护；《中华人民共和国残疾人保障法》第 3 条第 2 款规定残疾人的人格尊严受法律保护；《未成年人保护法》规定父母或者其他监护人不得允许或者迫使未成年人结婚，不得为未成年人订立婚约；《中华人民共和国妇女权益保障法》

---

① 陈现杰.《最高人民法院关于确定民事侵权精神损害赔偿责任若干问题的解释》的理解与适用[N]. 人民法院报, 2001-3-28.

人格权基本问题论纲

第39条规定，禁止拐卖、绑架妇女。这些规定只适用于特定的主体，不具有普适性。

人格权概念的产生和发展受社会历史、哲学理论、法学思想的影响，它不是一个从来就有的概念。其概念渊源于罗马法朴素的人格理念，其后是自然法的"天赋人权"，再到近现代人格权概念的提出，虽然期间不断出现学者的争议，但人格权的基本理论已经确立。对我国当下人格权立法问题的研究离不开对人格权基本理论的研究。国内外学者分别从人格权的专属性和客体两个方面揭示人格权的概念，人格权相对于传统的财产权而言的独特属性包括固有性、专属性和支配权属性。人格权的主体当然包括自然人，法人可以享有名称权、名誉权等人格权，但不可能享有普通自然人主体享有的生命权、肖像权等人格权。人格权的客体应当是人格法益，内容包括支配权能和人格权请求权权能。自德国司法实践中产生一般人格权概念以来，人格权从理论上被分为一般人格权和具体人格权。一般人格权指自然人享有的，概括人格独立、人格自由、人格尊严全部内容的一般人格法益；具体人格权则是指以具体人格法益为客体的人格权。在深入探究基本理论的前提下，进一步梳理和展现国外人格权立法例和我国人格权立法成果，并归纳总结国内外人格权立法的特点。

通过本章对人格权理论的历史回溯，得出如下结论：第一，理论层面，人格权、一般人格权、具体人格权概念的内涵和外延均存在模糊性；第二，立法层面，各国人格权保护采取不同的保护模式，有总则模式（瑞士法）、侵权之债模式（德国法、法国法、日本法），我国当下采取的模式是将人格权作为独立的民事权利予以确认和保护；第三，各国通过人格权保护的一般条款或兜底条款实现人格权的开放性保护，法解释学与司法实践（判例）对人格权的开放性保护发挥了重要作用。

第二章　现实篇：人格权理论现状评析

第一节　人格权体系之争

一、传统人格权体系

人格权的基本理论研究自19世纪末期发展于德国法学界以来，已经有100多年的历史。在人格权体系中，存在人格权、一般人格权、具体人格权，它们之间存在基本逻辑结构矛盾，不管是由于误读还是基于不了解，我们习惯使用的术语"具体人格权"和"一般人格权"在西方的法学语境中其实具有一种很特殊的、并没有被我们所真正理解认识的内涵。在术语的翻译中汉语的用语习惯所选择的"具体、一般"这样的对偶修辞法，导致对这两个术语产生了望文生义的理解。①

我国人格权的发展与德国人格权法有着密不可分的关系。我国学者在对人格权进行研究的初期，大量引用借鉴了德国的理论学说。在德国的人格权体系当中，一般人格权与具体人格权是一组对应的概念，拉伦茨对两者关系作出如下的论述："一般人格权与特别人格权的关系可做如下概括:一般人格权作为任何人都应受尊重的权利是所有特别人格权的基础，特别人格权是一般人格权的一部分，因此，从法律逻辑上说，一般人格权优先于特别人格权。"②通过对德国民法的研究我们发现，在德国对人格权的保护立法乃至于司法实践中，始终不存在人格权的概念。德国法中人格权体系是由一般人格权与具体人格权支撑起来的。反观我国的人格权体系，在接受了一般人格权与具体人格权的概念的前提下，我国学者主张还存在一个人格权权利的总概

---

① 薛军.人格权的两种基本理论模式与中国的人格权立法[J].法商研究, 2004 (4).
② [德]卡尔·拉伦茨.德国民法通论（上册）[M].王晓晔, 等译.北京:法律出版社, 2003: 170, 171.

念即人格权。"人格权是对各种特定人格权利的抽象概括，一般人格权则是以主体全部人格利益为标的的总括性权利。"①我国的人格权体系在这三个概念下发展起来。随着社会发展进步，人们对人格权的研究不断深入，渐渐发现在这种人格权体系之下，存在一些问题。人格权、一般人格权、具体人格权之间存在逻辑和内容的矛盾。首先，如果将人格权视为权利总称，并区分为一般人格权和具体人格权，那么一般人格权与具体人格权就是人格权体系内处于同等地位的两个权利概念。有学者认为"在众多的、陆续产生的具体人格权面前，人们发现在这些众多的具体人格权之中，存在着一个一般的权利概念，它统帅着、指导着、包容着所有的具体人格权。这个一般的权利观念，就是一般人格权。"②这就产生了关于一般人格权和具体人格权地位上的冲突。其次，如果人格权和一般人格权都是对各种具体人格权利的总称的话，它们彼此之间不可能是包含与被包含的关系。也有学者主张一般人格权不仅是对各种具体权利的总称，主要是为了保护那些未经法定化的人格法益而规定的。因此，一般人格权与该民法典所列举保护的各种具体人格权，是两种互不包容、互不隶属的权利类型，两者之间既不存在归纳抽象关系，亦不存在创设依据关系。③这一认识虽然可以化解人格权、一般人格权与具体人格权之间的逻辑冲突，但引出的问题是，既然一般人格权的客体范围广泛，包括许多具体的人格法益，那么为何不对一般人格权的范围作进一步的界定，并通过界定完成权利具体化的过程？如此处理同样可以细分人格权的类型，完善人格权的保护。④如果认为一般人格权是保护所有人格法益的总称，一般人格权就与人格权的内容相重合，这两个概念没有必要也不应当同时存在。

关于一般人格权与人格权、具体人格权之间的关系，存在两种观点：第一种，一般人格权是以主体的全部人格利益为标的的总括性权利，包括生命、身体、健康、名誉、自由、姓名、贞操、肖像、隐私等全部人格利

---

① 梁慧星. 民法总论[M]. 第3版. 北京: 法律出版社, 2007: 126, 127.

② 杨立新. 人身权法论[M]. 第3版. 北京: 人民法院出版社, 2006: 365.

③ 尹田. 论人格权独立成编的理论漏洞[J]. 法学, 2007 (5).

④ 冉克平. 一般人格权理论的反思与我国人格权立法[J]. 法学, 2009 (8).

益。① 一般人格权是法律采用高度概括的方式而赋予公民和法人享有的具有权利集合性特点的人格权。② 换言之，一般人格权与具体人格权是一种抽象与具体、一般与个别的关系。③ 另一种观点则认为，一般人格权所要保护的是《德国民法典》所列举保护的生命、健康等人格法益之外的其他全部人格法益。因此，一般人格权与该民法典所列举保护的各种具体人格权，是两种互不相容、互不隶属的权利类型，两者之间既不存在归纳抽象关系，亦不存在创设依据关系。④

第一种观点认为一般人格权是所有人格法益的抽象，这其实就是人格权。德国没有人格权的概念，因此德国一般人格权概念不会造成逻辑上的矛盾。而我国已经在理论上认可了人格权的概念，而且学者也多主张在未来民法典中单独规定人格权，如果采纳这种观点，会造成一般人格权与人格权概念的重合。

第二种观点认为一般人格权是具体人格权之外的人格法益的集合，与具体人格权是补充关系，与人格权是种属概念关系，这种观点化解了与人格权概念的冲突，但与德国司法实践中创设一般人格权概念的初衷是相违背的，一般人格权无法体现出其对具体人格权的抽象与概括。"一般人格权"系德国联邦法院直接引用德国《基本法》第1条、第2条所创设的。而这两个法律条文所规定的内容，是对"人类尊严"及"自由发展人格的权利"的保护。由此可见，一般人格权所保护的对象并非人格法益的某一部分而是其全部。如果说一般人格权仅仅保护特别人格权之外的人格法益，则完全不符合其创制根据，"一般"人格权难当其谓。⑤

无论哪种观点，一般人格权都具有不可避免的瑕疵，必然会导致其与人

---

① 梁慧星. 民法总论[M]. 第3版. 北京: 法律出版社, 2007: 126, 127.

② 王利明. 人格权法研究[M]. 北京: 中国人民大学出版社, 2005: 160.

③ 杨立新. 人格权法论[M]. 北京: 人民法院出版社, 2006: 365; 姚辉, 周云涛. 人格权: 何以可能[J]. 法学, 2007 (5) .

④ 尹田. 论一般人格权[J]. 法律科学, 2002 (4) .

⑤ 尹田. 论人格权概括保护的立法模式——"一般人格权"概念的废除[J]. 河南省政法管理干部学院学报, 2011 (1) .

格权、具体人格权内部的矛盾。民法典最注重形式理性，尤其是体系性。如果一般人格权概念的采纳会造成其与人格权、具体人格权之间的体系矛盾，是不是意味着我国未来民法典则不能采纳一般人格权概念呢？这是本书后面重点论述的问题之一。

我国民法大体上采用了德国法的模式，规定了多项具体的人格权。后来又通过一般人格权概念的引入，构建了我国一般人格权的理论学说，并将其引入到司法实践领域。但是随着我国社会主义法治进程的推进、法律的日益完善，人格权的立法日益得到广泛的关注。无论是学者制定的民法典草案，还是全国人大常委会法制工作委员会提交审议的民法典草案，虽然在是否直接使用一般人格权概念的问题上存在分歧，但通常意义上所谈的"一般人格权"似乎都是人格权体系的重要组成部分。

然而随着对人格权与一般人格权研究的深入，学者们发现"一般人格权"是人格权理论中最为特殊的一种权利，它的存在给学界带来了更多的争议与混乱。即便如此，仍然有学者坚定地认为，我国民法已经确立了一般人格权。仍有大批学者认为，我国人格权体系的基本逻辑结构模式就是"一般人格权+具体人格权"。

无可否认，一般人格权作为一个权利概念的提出，形成了人格权体系内的一个负面问题，至今仍然没有得到解决。即作为权利概念的一般人格权形成了人格权体系内的逻辑矛盾，造成了人格权理论研究的困惑，不利于人格权理论研究的发展。在人格权理论发展历程中，首先出现了"生命""身体""健康""自由""姓名""名誉"等多项具体的人格权，此后有学者提出人格权的概念，最后出现的是一般人格权概念。这一概念是德国司法实践中根据对人格权进行一般性保护的需求而产生的。人格权、一般人格权与具体人格权三个概念同时出现在我国理论研究和司法实践中，在人格权体系内便产生了逻辑矛盾和冲突。如果认为人格权可以划分为一般人格权与具体人格权，则人格权是种概念，一般人格权与具体人格权是同一逻辑层次上相对应的属概念。既然如此，一般人格权就不可能是各种具体人格权的抽象和概括。如果认为一般人格权的标的是生命、身体、健康、名誉、自由、姓名、贞操、肖像、隐私等全部人格权益，那么一般人格权的标的与人格权的标的就是重合的。[①]事实上，所有承认一般人格权概念的国家，无论在立法上、司法实践中还是在学者的理论探讨中，均没有解决人格权、一般人格权与具体人格权三者之间的关系问题。而学者在理论研究中对三者关系的论辩也从来没有停止过。一般人格权概念的提出，缔造了人格权体系的逻辑矛盾。

　　笔者认为，一般人格权概念的提出，虽然是以实现人格权的开发性保护为目的，但实际上并未完全满足人格权的开放性保护需求。事实上，这一概念的存在已经成为人格权开放性保护的障碍，在大陆法系国家尤其如此。在我国司法界引起广泛关注的"齐玉苓案"[②]就是一个明显的例证。同时，在人格权体系构建上，一般人格权是完全失去存在意义和价值的概念。从人格权逻辑层次考虑，人格权大概念和生命权、健康权、姓名权、名誉权等具体的人格权小概念之间，不需要也不应该出现一般人格权。因此，废除作为权利概念的一般人格权，具有重要的理论价值和现实意义。

　　正是由于上述诸多原因，导致我国的一般人格权和具体人格权的划分存在诸多的矛盾之处，造成了内容的庞杂和无序。毫无疑问，人格权是一种新型的权利，是一种处在"生成途中的权利"，新型人格权的产生将是未来若干年内人格权理论发展的常态。按照现在的人格权体系，新产生的人格权则无法进行归类，无法受到恰当、合理的司法保护。某种程度上说，人格权体系的欠缺已成为制约人格权发展的重要因素。这些都是我国人格权理论研究与发展必须面对的问题。只有将人格权体系重新进行归类和划分，确立科学

---

　　① 冉克平. 一般人格权理论的反思与我国人格权立法[J]. 法学, 2009 (8) .

　　② 1990年，原告齐玉苓与被告之一的陈晓琪都是山东省滕州市第八中学的初中学生，都参加了中等专科学校的预选考试。陈晓琪在预选考试中成绩不合格，失去继续参加统一招生考试的资格。而齐玉苓通过预选考试后，又在当年的统一招生考试中取得了超过委培生录取分数线的成绩。山东省济宁商业学校给齐玉苓发出录取通知书，由滕州八中转交。陈晓琪从滕州八中领取齐玉苓的录取通知书，并在其父亲陈克政的策划下，运用各种手段，以齐玉苓的名义到济宁商校就读直至毕业。毕业后，陈晓琪仍然使用齐玉苓的姓名，在中国银行滕州支行工作。齐玉苓发现陈晓琪冒用其姓名后，向山东省枣庄市中级人民法院提起民事诉讼，被告为陈晓琪、陈克政（陈晓琪的父亲）、济宁商校、滕州八中和山东省滕州市教育委员会。原告诉称：由于各被告共同弄虚作假，促成被告陈晓琪冒用原告的姓名进入济宁商校学习，致使原告的姓名权、受教育权及其他相关权益被侵犯。请求法院判令被告停止侵害、赔礼道歉，并赔偿原告经济损失16万元、精神损失40万元。

合理的人格权体系，才能从根本上解决这一问题。

二、人格权体系新说

前述人格权体系，出现三个至关重要的概念，即人格权、一般人格权与具体人格权。这构成传统人格权体系的核心。

如前所述，以人格权、一般人格权与具体人格权为核心概念形成的人格权体系，存在体系内的逻辑矛盾。基于此，近年来我国学界对"一般人格权"概念及人格权体系提出质疑，并引申出人格权逻辑体系重构问题。著名法学家谢怀栻先生[①]、北京大学尹田教授[②]、北京大学薛军教授[③]、清华大学马俊驹教授[④]、中国人民大学杨立新教授[⑤]、武汉大学温世扬教授[⑥]以及中国政法大学易军副教授[⑦]、华中科技大学冉克平副教授[⑧]、中南财经政法大学张红副教授[⑨]等诸多知名学者不约而同聚焦"一般人格权"概念，从不同角度表达了一般人格权、具体人格权与人格权概念之间逻辑关系的混乱与模糊，开始公开质疑"一般人格权"概念，否定"一般人格权"的制度设计，认为"一般人格权"实质就是"人格权"，甚至主张不接受或不再使用或废除"一般人格权"概念。基于上述学者的观点，一般人格权显然应被排除在我国未来的人格权体系之外。

在人格权体系内排除"一般人格权"概念之后，传统人格权体系内只剩下人格权与具体人格权两个核心概念。因此，人格权体系的架构，核心问题就是解决人格权、具体人格权的范畴及二者之间的逻辑关系。按照学界通说，人格权应为此类民事权利的总称，而具体人格权则是涵盖在人格权种概念之下的属概念。梁慧星教授就指出："人格权是对各种特定人格权利的抽

① 谢怀栻. 论民事权利体系[J]. 法学研究, 1996 (2) .

② 尹田. 论人格权概括保护的立法模式——"一般人格权"概念的废除[J]. 河南省政法管理干部学院学报, 2011 (1) .

③ 薛军. 揭开"一般人格权"的面纱——兼论比较法研究中的体系意识[J]. 比较法研究, 2008 (5) .

④ 马俊驹、王恒. 未来我国民法典不宜采用"一般人格权"概念[J]. 河北法学, 2012 (8) .

⑤ 杨立新, 刘召成. 抽象人格权与人格权体系之构建[J]. 法学研究, 2011 (1) .

⑥ 温世扬. 略论人格权的类型体系[J]. 现代法学, 2012 (7).

⑦ 易军. 论人格权法定——一般人格权与侵权责任构成[J]. 法学, 2011 (8) .

⑧ 冉克平. 一般人格权理论的反思与我国人格权立法[J]. 法学, 2009 (8) .

⑨ 张红. 20世纪德国人格权法的演进[J]. 清华法律评论, 2009 (1) .

象概括……"①笔者认为，将人格权作为此类权利的种概念当无异议。但不可否认的是，我国民事立法及司法解释已经确立了诸如生命权、健康权、姓名权、名称权、肖像权、名誉权、荣誉权和婚姻自主权、隐私权、身体权、人身自由权、人格尊严权等人格权类型。此外，王利明、梁慧星、徐国栋三位学者的民法典草案以及人大法工委《民法典草案》的"室内稿"也论述了诸如环境权、信用权、休息权、婚姻自主权等一些不同的人格权类型。无论是我国民事立法及司法解释已经确立人格权类型，还是不同版本《民法典草案》论述的人格权类型，如果排除人格权类型化科学性问题，将其作为一种民事权利纳入人格权范畴，无论在学界还是在司法实践中，均不会引起太多的异议。

问题的关键在于，按照学界通说，上述不同的人格权类型，当然属于传统意义上的具体人格权。这就产生一个新的问题，即类型化人格权的上位概念是人格权还是具体人格权？也就是说，人格权大概念与类型化人格权小概念之间，在逻辑上是否还存在"具体人格权"这一层级？笔者认为，"一般人格权"概念的废除，"具体人格权"概念已经丧失其存在的基础和意义。同时，在废除"一般人格权"概念的前提下，人格权与具体人格权都成为不同类型人格权的总称，二者在逻辑上出现重叠。因此，类型化人格权的上位概念应为作为此类权利总称的"人格权"。

据此，人格权体系的雏形可以概括为：以"人格权"作为此类权利的总称，是人格权体系的种概念。而人格权的范畴包括不同类型的人格权，系人格权体系的属概念。这将是我国未来人格权体系的基本模型。

第二节　人格权权利属性之争

人格权的权利属性之争是近年来我国学术界的重要议题，其核心问题在于人格权究竟是宪法性基本权利还是私法性民事权利。截至目前，学界仍然没有达成共识，学者们各抒己见。我国少数学者认为人格权是纯粹的民事权

---

① 梁慧星.民法总论(第三版) [M].北京：法律出版社, 2007年.第126-127页.

利，而多数学者对于人格权的宪法属性持认同的态度，但即便是在承认人格权具有宪法属性的众多学者中仍存在争议，有部分学者主张人格权兼具宪法和民法权利的双重属性。另一部分学者认为人格权完全不具备民法的属性，不应由民法加以调整。这形成了人格权权利属性的不同学说。

一、宪法性基本权利说

随着近代西方国家思想启蒙运动的兴起及人权运动的发展，人权思想逐步得到广泛的关注和重视。最初的人权被宪法规定成为法定的基本权利来加以保护，"独立宣言发布以前，弗吉尼亚州于1776年6月制定宪法时，即曾以权利宣言，冠诸宪法。这为个人基本权利入宪的起始"。[1]时至今日，人权的发展已经与宪法密不可分，在宪法中，人权往往被规定为公民的基本权利。在我国宪法当中，政治权利、平等权、社会经济权利、人身自由与人格尊严、精神自由、获得权利救济的权利等权利，构成了我国的基本权利体系。目前就我国对人格权内容而言，人的生命、健康、尊严与自由同样是最基本的法定权利，这可以充分说明宪法规定的人权的核心内容即是人格权的内容，即宪法对人格权给予了明确的规定。人格权在出现之初是由宪法确认的，带有鲜明的基本权利的性质。宪法上人格权系基本权利之一种，具有对抗国家权力之防御功能；[2]亦可形成客观价值，拘束立法、司法与行政；[2]并课予国家权力保障人民基本权利实现之义务。[3]

以尹田教授为代表的宪法性权利说，认为目前出现的人格权私权化倾向是对人格权性质的一种误解，其实质应是宪法性权利民法保护的一种方式而已。原因如下：

第一，从人格的历史起源来看，人格从来都是公法上的概念。人格权始于罗马法的人格理论，实质上是关于社会阶层或者阶级的划分，是作为组织社会身份制度的一种工具，具有明显的公法性质。[4]作为近代民法开拓者的

---

① 王世杰, 钱端升. 比较宪法[M]. 北京: 中国政法大学出版社, 2004: 65.

② Vgl.BVerfGE7, 198 (204)；f21, 362 (371f.)；39, 68 (70ff.)；50, 290 (327)；68, 193 (205).

③ 李建良. 宪法理论与实践（二）[M]. 台北: 台湾学林文化事业有限公司, 2000: 63-65.

④ 徐国栋. 人身关系流变[J]. 法学, 2002 (6).

《法国民法典》没有关于"人格"的直接表述，但却在第8条规定了"一切法国人均享有民事权利"。《德国民法典》不仅没有关于自然人"人格平等"的直接或者间接的宣称，而且还采取"权利能力"概念取代"人格"的方式。其原因在于，德国人在公、私法划分日渐清晰之时，无意再用民法去代替宪法宣称"人格平等"了。为此，彻底实现了"私法从公法的逃离"。据此，尹田教授认为，近代以来，作为自然人一般法律地位的法律人格是由宪法加以确认的，而现代民法上的权利能力，是承受民事权利义务的主体资格，是自然人在私法上的一种"人格"。[①]

第二，民法的任务仅在于用产生损害赔偿之债的方式对之予以私法领域的法律保护。民法关于人格权的规定不过是为了实现宪法权利的民法保护而已。

第三，人格权在现代社会的发展及一般人格权的创制导致私权化的人格权向宪法权利的回归，同样表明了人格权的宪法性。人格权在现代发展的主要标志是：（1）人格权的保护在私法领域中的扩张，具体表现为各国在其民法典中大量增加人格权条款；（2）一般人格权的创制，德国明确将一般人格权阐述为"由宪法保障的基本权利"。人格权从来就不是民法典创制的权利，当具体人格要素向较为概括的人格要素归位并从而确立起一般人格权时，人格权的宪法性即表露无疑，这也成为人格权之基本属性的最好证据。[②]

第四，《民法通则》的局限性已不能适应现代人格的发展现状。笔者认为《民法通则》的具体人格权体系，与目前有关国家所建立的人格保护体系相比较而言，其范围比较狭窄，仅包括生命健康、姓名、肖像、名誉、荣誉、婚姻自主在内的几项具体人格权，人格权的一些重要属性，如自由、身体等要素，并不在其保护范围之内，至于现代社会观念中看重的隐私，更不在保护之中，而且也没有一般人格权概念可以被援用。这一体系明显还不能适应当代中国人有尊严生存与生活的人格需要。[③]

第五，《中华人民共和国宪法》（以下简称为《宪法》）2004年新增条文

---

① 李林启. 人格权性质论[J]. 长沙民政职业技术学院学报, 2011 (3) .

② [德]迪特尔·梅迪库斯. 德国民法总论[M]. 邵建东译. 北京: 法律出版社, 2000.

③ 龙卫球. 民法总论[M]. 第2版. 北京: 中国法制出版社, 2002.

第33条第3款中的"国家尊重和保护人权"。① 这是我国历史上，人权第一次被明确地载入《宪法》。《宪法》关于人权原则的规定是人权保障制度走向法治化的里程碑。这也同样可以理解为应将人格权划分到宪法权利的保护之中。在著名的"齐玉苓案"中，一审法院判决认定："齐玉苓主张的受教育权，是属于公民一般人格权范畴。它是公民丰富和发展自身人格的自由权利"。这一判决将民法未规定的宪法中的基本权利"受教育权"解释为"一般人格权"，使得民法上的一般人格权成为宪法上基本权利的民法保护手段。②

二、私法性民事权利说

许多学者认为人格权并非宪法上的权利所保护的，人格权必须由民法典进行规范才能成为真正的法定权利。

第一，人格权的立法是保护人们日常生活中的一些人格权利不受侵害而进行规定的，如自由不受剥夺、名誉不受侮辱、隐私不被窥探、姓名不被盗用等，而这些可能侵害人的尊严与自由的行为可能源自于公权力和国家机关，但更多的则是源于另外的其他民事主体。如果将人格权的立法纳入宪法的立法中，则仅能得以预防和对抗政治国家、公权力，仅能规范国家机关行使公权力的行为以防止其侵害公民的人格权，而无法面对更多、更经常、更普遍的"私对私"的侵害。面临的另外一个问题就是对于宪法的可诉性，实属难以进行。

第二，宪法中对于人格权的规定不等于公民自动获得了私法领域的赋权，不等于宪法直接创设了一项私权并为民事主体在私法领域中所享有。民事权利仍然需要民事法律尤其是民事基本法即民法典的赋权。民法典根据宪法关于人格权的规定而为民事主体创设人格权，可以称为第二次赋权。民法典对其赋权有利于建立人格权享有的具体规范，为人格权从法定权利走向实在权利创造条件，同样将宪法中原则性和抽象性的宣示性赋权通过民法的语

① 陈泽宪. 对国家尊重和保障人权载入宪法的几点认识[J]. 中国社会科学院院报.
② 齐玉苓诉陈晓琪等以侵犯姓名权的手段侵犯宪法保护的公民受教育的基本权利纠纷案. 最高院公报.

言表达转化为具体性和系统性的规范性赋权。①

第三，宪法中对于人格权的表述主要为人格尊严、人身自由、信仰自由、住宅自由、通信自由等几类原则性、基本性的权利，而日常生活中最经常行使、最易受侵犯的生命权、健康权、身体权、姓名权、名誉权、隐私权、肖像权、信用权等在宪法中没有体现，所以应当看作是民法对权利的第二次赋权，可以看做人格权是由宪法和民法共同创设的结果。②

三、双重属性说

针对人格权究竟是宪法性基本权利还是私法性民事权利问题，主要可以从以下角度加以分析和理解。首先，任何法律概念的提出都深受当时时代背景的影响，就人格权的属性而言，要就罗马法时期和现代社会两个截然不同的背景分别讨论。早在罗马时期的"人"与今日的"人"具有不同的内涵，罗马法时代的人的地位受自由权、市民权和家庭权三种因素的影响，是否同时具备自由权、市民权和家庭权是是否具有健全人格的关键。罗马法上所谓的人格或者人格权并非"天赋人权"，而是带有明显的阶级属性，表明的是自然人之间身份与社会地位的差别。③ 在此背景下，人格权更多体现的是一种公法性质，所以人格权的公法性质是与生俱来的，只是随着社会发展，最初的调整公民权利与国家权力之间基本关系的侧重点发生转移，现代社会除了强调国家对公民的行为之外，也要求每个公民作出个人行为的同时必须考虑是否侵害他人的基本权利。自此可以看出，最早以宪法性权利性质出现的人格权应时代要求出现了向私法性权利变化的趋势，如以我国宪法中规定的基本权利为例，基本可以分为两种类型，首先是完全公法性的权利，如选举权、被选举权等，这种基本权利本质上与公民间的行为没有直接关系，主要是起到限制国家公权力，避免国家行为侵害公民权利。另一种权利是如人格尊严、人身自由等权利，既能调整国家与公民间的关系，也能调整公民间的关系。虽然学界对人格权的属性存在争议，但事实

① 程水泉. 论人格权的性质[J]. 求索, 2007 (4).
② 刘凯湘. 人格权的宪法意义与民法表述[J]. 社会科学战线, 2012 (2).
③ [德]黑格尔. 法哲学原理[M]. 范扬, 张企泰译. 北京: 商务印书馆, 1961: 49.

上，人格权兼具公法和私法属性已经在宪法的规定中得到充分体现。其次，不能因为目前人格权存在的实际形式而否定其双重属性。由于人格权最早通过宪法所确认，其公权利属性毋庸置疑。同时，由于在其他大陆法系国家如德国、法国的民法典当中亦没有明确的关于人格权的规定，也没有将其独立成编的先例。造成这种情况的主要原因是人格权虽然早已存在，但人们对其的认识是一个缓慢推进的过程，立法者为了避免因为认识不足而造成的立法错误，采取的做法是在实践中对这种还未研究深入的权利予以保护，而在立法上相对滞后。相较于早期民法对人格权的保护，宪法更直接地将人格（包含人格权）确立为人的基本权利，给予其成文法保护。因此，就人格权的产生和发展而言，民法是人格权产生和发展的根源，是民法发展的必然产物。而宪法作为人格权的"发现者"，超前于民法实现了对人格权的保护。总的来说，人格权从根本上来说是民法与宪法共同作用的产物。由此可见，人格权虽然尚未获得民法的专门规定，也不妨碍其具有民事权利的属性，引用德国民法学者拉伦茨的表述可能是最好不过的，他说："《基本法》对人的尊严和人格价值的强调，促使司法机关通过相应的法律发展，承认了《德国民法典》中未加规定的一般人格权，承认它是私法制度的一个组成部分。"① 因此，人格权兼具宪法性基本权利属性和私法性民事权利的双重属性。

第三节 一般人格权性质之争

一般人格权的性质，是当下我国人格权理论研究的焦点问题之一。学界对于一般人格权的性质，存在诸多说法。主要有权利说、法益说、法律条款说、法律原则说和人格关系说等学说。

一、权利说

（一）概括性权利说

此学说以德国学者卡尔·拉伦茨（Karl Larenz）为代表。他认为一般人格

---

① [德]卡尔·拉伦茨.德国民法通论（上册）[M].王晓晔,等译.北京:法律出版社,2003:110.

权为概括性的权利，具有"概括广泛性"，是对现在和将来的所有人格权益的保护。我国王利明教授认为，"人格权中所说的一般人格权，是对人格权的概括性规定，是一种'兜底性'或弹性的权利。"德国学者尼佩戴（Hans CarlNipperdey）则认为，"一般人格权不仅涉及国家和个人的关系，而且也涉及民法典所包括的具体人格权，一般人格权范围极为广泛，在内容上是不可列举穷尽的"。这一观点认为一般人格权是包括所有具体人格权在内的所有人格权，即一般人格权包括具体人格权。另一德国学者尼伯迪也这么认为。一般人格权为概括性的权利，法官的任务只是依有关价值理念将一般人格权具体化并确定其界限。因为人格的本质不易明确划分其界限，一般人格权作为概括性权利，在内容上是不易完全确定的。

也有学者称其为"框架权"。这一概念最早由菲肯切尔（Fickencher）教授提出，他对框架权有如下描述："有一些法律地位，它们被归属于确定主体的权利范围，但却并不像前述绝对权具有确定易辨的清晰性，而是显示出某种模糊性。虽然客观法赋予了它们明确的地位，但它们并不能原则上排除他人的一切侵害。人们可以将这些法律地位称为框架权，从而与那些绝对受保护的法益相区分。"框架权利的说法就说明其与权利相比具有相异之处，框架下的权利是在于保护整体的人格权，而不是将所有具体的人格权罗列其中。持此观点的学者认为，对于人格权的具体方面保护是无法进行一一列举的，在框架条件下进行一个统一的把握，从而进行保护。无论是在立法中，还是在理论研究中，一般人格权的具体内容是无法也不应该事先确定的。框架说在司法层面上来说有两个意义。第一个意义是它具有"概括广泛性"。具体的人格法益并不能完全体现在法典中，依人格本身的特性不能完全列举出来，用这样一个"大箩筐"可以发掘出法典不能明确规定的其他人格法益。在法典没有提供具体保护的时候，可以用这样一个概括性的权利来保护，不至于使人格保护被落空。第二个意义就是保护现有体系的稳定性。通过违法性判断来推定是否适用于诉求中的人格法益，保护了现有司法体系的稳定，将具体案件情形中形成的人格法益保护的请求，交给法官根据具体情景去判断。

显然，在这部分学者看来，一般人格权就是概括性权利，是德国民法所称的"框架权"。

（二）渊源权说

此学说认为一般人格权是一种"渊源权"或"权利的渊源"。此学说是由包括艾纳瑟鲁斯在内的一些德国学者提出。持此观点的学者认为，一般人格权的存在可以引导出各种具体人格权，即一般人格权创造具体人格权，是具体人格权的渊源；依据一般人格权可发掘出某些具体的人格权，这样可以扩大人格权的保护范围。笔者认为，这一学说在客观上似乎可以解释一般人格权与具体人格权的关系，但事实上，此观点的提出与人类思维方法、思维习惯相矛盾。一般而言，思维规律是从具体到抽象，应该是具体人格权首先出现，然后在司法实践中不断的积累，最后才能概括出一般人格权的概念，这样才符合人类的认识过程。而事实上，人格权发展的历史进程也是如此。当然，笔者并不否认，在一般人格权理论提出或完成一般人格权立法后，完全可能从一般人格权中创造、推导或类型化出新型的具体人格权。在此情形下，一般人格权便成为具体人格权的"渊源权"。

（三）个人基本权利说

此学说认为，一般人格权为个人之基本权利，其为德国学者海因里希·胡伯曼（Heinrich Hubmann）于20世纪50年代针对否定一般人格权的观点所提出的。海因里希·胡伯曼认为："一般人格权不同于人格权本身，亦不同于各项具体人格权。他将一般人格权分为发展个人人格的权利、保护个人人格的权利和捍卫个人独立性的权利。这三种权利分别受到公法、私法等法律的保护并共同组成为一般人格权。"① 持此观点的学者认为一般人格权是基本权利，其同时具有宪法上的权利属性与民法上的权利属性，受到公私法的共同调整。此学说从根本上揭示了一般人格权同时具有宪法权利与民事权利的双重属性。

杨立新教授认为，一般人格权是指民事主体享有的，概括人格独立、人

---

① Heinrich Hubmann, das Persönlichkeitsrecht, Bohlau Verlag Koln Graz, 1967, 2Aufl., S175ff. 转引自王萍. 中德一般人格权类型化之比较研究[D]. 北京: 中国政法大学, 2007.

格自由、人格尊严全部内容的一般人格法益，并由此产生规定具体人格权的基本权利。一般人格权对于具体人格权而言是基本权利。一般人格权虽然对具体人格权有概括的作用，但它也是一项独立的权利，是人身权中的基本权利。一方面，它决定和派生了各种具体的人格权；另一方面，它更为抽象和具有概括性，成为人身权中最具抽象意义和典型性的基本人格权。

尹田教授也认为一般人格权为个人的基本权利。人格为个人之法律地位，人格权为个人具有法律人格的集中表现，故一般人格权当然是个人之基本权利。①

分析以上学说可以发现，三种观点之间并不存在实质性对立，只不过是从不同角度对一般人格权的性质和特点作了某种提示。前两种观点是从一般人格权与具体人格权之间的关系角度阐述一般人格权的性质，认为或者是包括具体人格权，或者是创造出具体人格权；第三种观点是从其权利所属的公法或私法的领域这个角度，认为其同时受到两种法律的调整。因此，一般人格权的性质应当在厘清其与具体人格权之间的关系、与宪法的关系的基础上来论证。

（四）人格权说

人格权说认为一般人格权是被误读的人格权，其实质就是人格权。

尹田教授认为，"一般人格权"实际上就是"人格权"。他指出，"只有在将'人格权'认定为一种由民法创制的民事权利的条件下，根据基本法而直接创制的所谓'一般人格权'，才有可能被认为是区别于'人格权'的另一种权利（尽管两者具有完全相同的内容，但毕竟其来源不同），并对之予以特别的命名。"②即《德国民法典》创设"一般人格权"有其特定的渊源和背景，一般人格权其实就是人格权。此外，还有一部分学者认为，一般人格权是以主体的全部人格法益为标的的总括性权利，包括生命、身体、健康、名誉、自由、姓名、贞操、肖像、隐私等全部人格法益；人格权，指关于人

---

① 尹田. 论一般人格权[J]. 法律科学. 2002 (4).

② 尹田. 论人格权概括保护的立法模式——"一般人格权"概念的废除[J]. 河南省政法管理干部学院学报, 2011 (1).

的价值与尊严的权利，性质上是一种母权，衍生出个别人格权。① 由此可见，一般人格权是对所有具体人格利益保护的抽象，而人格权也是对所有具体人格利益保护的抽象性规定，一般人格权涵盖了人格权的中心意旨，是人格权的精神实质的总体抽象。② 由此可见，一般人格权与人格权是等同的。笔者认为，无论在我国人格权理论研究还是在司法实践中，当在权利的意义上使用一般人格权的概念时，其所指就是民法上的人格权。人格权说的提出是符合我国人格权研究现状和立法背景的，对揭示一般人格权性质有积极意义。

二、法益说

一般人格权没有权利之实，其实质是一种应受法律保护的法益。法益与权利的区别为：（1）权利具有确定性，而法益具有不确定性；（2）权利具有可预期性，而法益具有不可预期性；（3）权利具有主动性，而法益具有被动性。③

由于一般人格权没有确定的内涵和外延，因此其保护程度较低。例如，《瑞士民法典》和中国台湾地区"民法典"中人格权保护的规定，都是从人格的一般保护角度进行规定，而并没有将一般人格权作为一种权利来明文规定。德国一般人格权理论的产生，也是基于司法实践给法官依据宪法人格权进行自由裁量的依据。我国学者熊谞龙认为，一般人格权的真实形态是法益，而不是权利。史尚宽认为"法益乃法律间接保护之个人利益"。④ 曾世雄认为，"法益者，法律上主体得享有经法律消极承认之特定生活资源，'消极承认'，一方面肯定其合法性，他方面则提供相对薄弱之保护。"⑤ 法益，即不以权利形态出现，却需要通过法律加以保护的利益。法益是介乎权利和一般利益之间的概念，它是一个社会的法观念认为应予保护的利益，对它的保

---

① 王泽鉴. 侵权行为[M]. 北京：北京大学出版社, 2009: 99.

② 邹丹. 论一般人格权的性质及我国的立法选择[D]. 北京: 中国政法大学, 2012.

③ 易军. 论人格权法定——一般人格权与侵权责任构成[J]. 法学, 2011 (8) .

④ 史尚宽. 债法总论[M]. 北京: 中国政法大学出版社, 2000: 127; 转引自熊谞龙. 权利, 抑或法益——一般人格权本质的再讨论[J]. 比较法研究, 2005 (2) .

⑤ 曾世雄. 民法总则之现在与未来[M]. 北京: 中国政法大学出版社, 2001: 62; 转引自熊谞龙. 权利, 抑或法益——一般人格权本质的再讨论[J]. 比较法研究, 2005 (2) .

护乃是对违反法律基本理念行为的制止，由于这种利益形态尚不具有法律上可供概括归纳的确定特质，难以类型化，因此它受法律保护的程度弱于权利。① 德国学者迪特尔·施瓦布认为："在一般人格权这件大氅下面所聚集的保护地位呈现出不同的专属性程度；其中一些可以毫不困难地解释为权利，而另外一些就不行。""一定要明白，有很多人格权保护地位并不具有人们将之与绝对权概念联系在一起的那种专属程度。所以，一项一般人格权就其真正意义而言，就像一项绝对的'对于财产'的权利一样是不存在的。我们只是使用'一般人格权'来指称一个以不同强度给予保护的利益综合体。"②

具体而言，学界认为一般人格权是法益的理由包括如下几个方面：

首先，法律之力是权利的外形，而一般人格权的表述内容模糊。作为一种权利，应该明确而具体。权利只有在被法律所保护的情况下才能被称为权利，并且权利应该予人合理的预期，确定人们行为的范围和界限，这就是所谓的具有可操作性。③ 一般人格权规定的内容模糊，并且其内容不可能列举穷尽。王利明教授认为，"一般人格权只是相对于具体人格权而言，概括人格尊严、人格自由和人格平等的完整内容的一般人格利益。"④

其次，一般人格权具有开放性和发展性。"一般人格权是一种具有发展性、开放性的权利，并且随着人类文化及社会经济的发展变化，其范围会不断扩大，内容亦愈丰富。"⑤ "同时社会关系日益复杂、碰撞的可能性越来越大，人格利益将呈纷繁多彩的势态。这就要求人格权的边界不可能像其他权利一样明确，而应当具有相当大的伸缩性。"⑥ 对于这样一种边界无法确定，并且其内容在随时变化发展的权利，将其确定为权利，这与传统意义上所说的权利的特征是不相符的。

再次，一般人格权不能起到法定公示的效果。一般人格权应属于一种绝

① 熊谓龙. 权利，抑或法益——一般人格权本质的再讨论[J]. 比较法研究, 2005 (2).
② [德]迪特尔·施瓦布. 民法导论[M]. 郑冲译. 北京: 法律出版社, 2006: 218.
③ [美]贝恩·辛格. 可操作的权利[M]. 邵强进，林艳译. 上海: 上海人民出版社, 2005.
④ 王利明，杨立新，姚辉. 人格权法[M]. 北京: 法律出版社, 1997.
⑤ 梁慧星. 民法总论[M]. 北京: 法律出版社, 2004: 113.
⑥ 魏振瀛. 民法[M]. 第4版. 北京: 北京大学出版社, 2010.

对权，权利主体之外的他人均为义务主体，负有不得侵犯主体绝对权利的义务，而这样的权利应具有公示性。如果法律将人格权具体到民法典中，这就等于向世人公示了作为自然人所享有的权利。而这样的权利作为主体之外的他人负有不得侵犯的义务。但是一般人格权的模糊内容就决定了它不能给民事主体提供一种公示的办法。

最后，一般人格权的客体不明确。民事权利要求有具体明确的客体，而一般人格权的客体是不明确的，并且具有发展性。这无法要求权利与义务的明确规定，在立法与执法上会造成一定的混乱。

综上所述，有学者认为一般人格权就是一种法益，它保护的客体是一种尚未上升到权利的重要人格法益。

三、法律条款说

有学者认为，一般人格权制度旨在实现对人格权的开放性保护。而人格权的开放性保护，可以通过对人格权的立法确认来实现。据此，有学者提出一般人格权的性质就是规定人格权开放性保护的法律条款。我国民事立法大体上采用了德国法的模式规定具体人格权，而对于人格权的开放性保护，学界产生了两种不同的观点：一部分学者主张，应通过人格权保护的"一般条款"来完成对人格权的立法确认；另一部分学者则认为，应通过人格权保护的"兜底条款"实现对人格权的开放性保护。与此相适应，对一般人格权的性质，也产生了两种不同的观点，即"一般条款说"和"兜底条款说"。

（一）一般条款说

持此观点的学者认为，一般人格权实质是保护人格法益的一般条款，或是人格权保护的"一般条款"，确立一般人格权的初衷及根本目的在于对人格权立法漏洞的补充与完善，是一种开放性的权利保护形式。而对于一般人格权内容的确定，实质上是一项补充法律漏洞的作业。主张"一般条款说"的学者在现行立法中找到了例证，如《瑞士民法典》第28条第1款。① 据此，持这一观点的学者提出，《瑞士民法典》第28条是一般人格权的立法基础。

---

① 《瑞士民法典》第28条第1款规定："任何人在其人格受到不法侵害时，可诉请排除侵害。"

（二）兜底条款说

人格权作为一种抽象的"权利"，对其进行法律规制存在一定的难度与争议。因为无法穷尽人格权保护的所有方面，所以，有学者提出"兜底条款"（Miscellaneous Provisions）的解释，认为一般人格权具有"兜底条款"的作用，不仅具有"兜底条款"的形式，也具有"兜底条款"的内涵与性质。

"兜底条款"作为一项立法技术，它将所有其他条款没有包括的或者难以包括的、目前预测不到的，都包括在这个条款中。"兜底条款"在立法中是常见的法律表述，主要是为了防止法律的不周严性，以及社会情势的变迁。这与一般人格权立法需要相吻合，同样可以补充人格权具体规定的不足。

法律一经制定，就因为其固定性而产生相对的滞后性，况且法律制定者受主观认识能力等方面的局限，也无法准确洞察、预知法律所要规范的所有可能与情形。所以，有必要通过这些"兜底条款"，来尽量减少人类主观认识能力不足所带来的法律缺陷，保持法律的相对稳定性，使执法者可以依据法律的精神和原则，适应社会情势的客观需要，将法律出台后的新情况、新问题通过这个"兜底条款"来予以适用解决，而无须修改法律。"兜底条款"的上述功能和特点，与一般人格权特性及问题不谋而合。社会在不断地发展，新的法律问题不断产生，许多国家的人格权立法，难以将新产生的人格法益或人格权纳入先前立法的体系之中。"兜底条款"可以对人格权未来发展可能出现的新情况、新问题在法律上预先作出合理性的规定与解释。

主张"兜底条款"说的学者也在现行立法中找到例证，如《德国民法典》第823条第1款。[①] 据此，持这一观点的学者指出，《德国民法典》823条第1款是一般人格权的立法基础。

（三）转介条款说

我国学者现在多认为，基本权利之违反与私法违法是相互分离的，认为宪法不能直接适用民事纠纷，只能通过民法上的转介条款，将宪法的精神落实到民法中，一般人格权就是这种性质的转介条款。

---

① 《德国民法典》第823条第1款规定："因故意或者过失不法侵害他人生命、身体、健康、自由、所有权或者其他权利者，对他人因此而产生的损害负赔偿义务。"

宪法基本权利对第三者效力的问题，在20世纪50年代—80年代的联邦德国是一个争议极大的问题。由尼伯代任院长的德国联邦劳工法院在判决中首先采纳了"宪法基本权利在私人间具有直接效力"的学说，赋予宪法的实证效力。学者称其为"直接效力说"。以杜立希、盖格为代表的学者则持"间接适用说"，认为对基本权利之违反与私法违法是相互分离的。肯盖格供职的德国联邦宪法法院采纳了"间接适用说"。目前，"间接适用说"已成为德国学界的通说，① 我国学者现在也多支持"间接适用说"，认为宪法不能直接适用民事纠纷，只能通过民法上的转介条款，将宪法的精神落实到民法中。就人格权的法律保护而言，一般人格权就是这种将宪法的精神落实到民法中的转介条款。

包括德国基本法在内的各国宪法都规定了人的尊严及发展人格的权利，这项权利属于宪法上的权利，公民可以以此权利的对抗国家的不正当干涉，但是却不可以以此权利来对抗平等主体的侵害，因为私主体不可能成为违宪诉讼的被告，用以调整平等主体之间关系的人格权，则只能是私法上的权利，尽管这项权利是由基本法上的基本权利辐射而来的。因此，一般人格权成为宪法权利在民法中落实的桥梁。正如拉伦茨所主张的那样："《基本法》对人的尊严和人格价值的强调，促使司法机关通过相应的法律发展，承认了《德国民法典》中未加规定的'一般人格权'，承认它是私法制度的一个组成部分。"② 更有学者提出，一般人格权实质就是宪法权利转变为民事权利的转换器。作为宪法价值民法化的工具，一般人格权是一个功能性概念。可见，一般人格权是宪法权利在民法中得以落实的转介条款。

四、法律原则说

一些学者认为，一般人格权是天赋人权、伦理价值在人格权领域的诉求，是人格法益应受保护这样一个宽泛的法律原则。

法律原则直接决定了法律制度的基本性质、内容和价值取向。法律原则是法律精神最集中的体现，因而构成了整个法律制度的理论基础。法律原则

---

① [德]卡尔·拉伦茨.德国民法通论:上册[M] . 王晓晔, 等译. 北京:法律出版社,2003: 171.转引自郭明龙. 拟制与衡平:一般人格权保护之路径[J].广西社会科学,2008 (5) .

② [德]卡尔·拉伦茨.德国民法通论（上册）[M].王晓晔, 等译.北京:法律出版社,2003: 110, 115.

的功能主要有两个：第一，为法律规则和概念提供基础或者出发点；第二，对于法律的制定及法律规则的运用具有指导意义。一般人格权作为一个法律原则，推动并把握着整个人格权理论的发展，指导人格权的法律解释和法律推理，弥补人格权体系与人格权立法的漏洞。一般人格权作为天赋人权、伦理价值在人格权领域的诉求，作为人格法益应受保护这样一个宽泛的法律原则，对人格权有关问题给予解释、指引和说明。正是从这个意义上，王利明、杨立新、尹田等学者均主张一般人格权具有解释、创造、补充功能。

对于将一般人格权性质的界定归为人格权立法过程中的一项基本原则，这是出于我国实际情况考虑的结果。在探讨近代民法三大基本原则时，徐国栋教授认为，"实际上，所有权绝对原则只在物权法领域发挥作用，契约自由原则和过错责任原则分别在合同法和侵权责任法领域发挥作用。就效力须贯彻于民法始终这一标准而言，他们都不是民法基本原则而是民法具体原则。"据此，有学者将一般人格权看成是类似物权法中的所有权绝对、侵权法中的过错责任原则的人格权法领域中的基本原则。这似乎可以厘清一般人格权与具体人格权之间的关系，从而形成一个严密的逻辑体系。

五、人格关系说

一些学者认为，一般人格权为一般的人格关系。此种学说是德国学者冯·长尔莫勒等根据《瑞士民法典》第28条第1款之规定提出的。一般人格权，在瑞士民法中称为"人格关系"。不过，瑞士学者对于一般人格权或"人格关系"均无明确的定义。① 我国台湾地区学者施启扬在对瑞士民法的规定进行解释时，也认为人格关系即一般人格权。《瑞士民法典》单独设立了"人格的保护"部分，第28条第1款规定：人格受到不法侵害时，为了寻求保护，可以向法官起诉任何加害人。此种立法体例揭示了"一般人格权"概念存在的合理性，为人格权的全面保护提供了原则性规定。对此，学者施启扬指出，《瑞士民法典》的立法旨趣在于承认"一般人格权"的概念，为人

① 霍银泉. 论一般人格权的性质[J]. 吉林省教育学院学报, 2010 (2).

人格权基本问题论纲

格关系的保护树立原则性规定。^① 提出应该将我国台湾地区的"民法"中关于侵害人格法的表述的规定改为侵害人格关系，"因为人格权是一个'上层概念'，人格权中的各种具体内容权利，只是一种地位或资格，与一般权利在性质上并不相同。"^② 笔者认为，人格关系说体现出一般人格权和人格关系之间的联系，对掌握一般人格权性质具有重要作用。但是，将一般人格权的性质认定为人格关系的观点是不正确的。法律关系是指人类社会生活关系中受法律所支配的关系，其本质在于因法律之规定而在当事人之间发生的权利义务关系。而权利是受法律保护的特定利益。^③ 由此可见，人格关系和一般人格权在本质上是不同的，是两个不同的概念，将一般人格权认定为人格关系就混淆了法律关系和权利的概念，是不正确的。

第四节 人格权立法之争

近年来，伴随着 1999 年《中华人民共和国合同法》、2007 年《中华人民共和国物权法》、2009 年《中华人民共和国侵权责任法》等法律的出台，我国民事立法取得一系列成果，进入一个崭新的阶段。民法各构成部分的完成为民法典编纂奠定了基础。但是，在立法进程中除了需要关注当代民法的基本理念、民法典体系内部的内在逻辑关系之外，还需要把握有关民法的新动向，对民法典立法基础加以完善。其中，人格权立法问题备受关注。是否从正面确认、规定人格权模式为基础进行立法；^④ 人格权入法的归属问题；人格权法是否独立成编及人格权列举及新型人格权保护问题成为学界争论的焦点。

一、人格法益权利化问题

就人格权设置方面的问题，我国民法学界存在不同的观点。部分学者认为，在民法上正面设置人格权制度是不合理的，应该像传统民法一样，以侵

---

① 曹险峰. 论一般人格权的立法模式——以德国与瑞士立法例之对比考察为中心[J]. 当代法学, 2006 (3).

② 霍银泉. 论一般人格权的性质[J]. 吉林省教育学院学报, 2010 (2).

③ 霍银泉. 一般人格权研究[D]. 长春: 吉林大学, 2012.

④ 龙卫球. 人格权的立法论思考: 困惑与对策[J]. 法商研究, 2012 (1).

权责任法的保护形式，通过将人格法益作为禁止加害客体加以规定的方式来处理人格保护问题。[①]另一部分学者认为，我国人格权保护应该在民法上实现实证权利化。支持人格权保护应该在民法上实现实证权利化的学者认为，在民法上将人格权实证权利化是全面保护公民人格法益的必然选择，也不会面临无法解决的障碍，因为人格权本身虽然具有宪法性权利属性，但也并不妨碍从民法上对人格权进行立法确认。这也是我国大多数学者在对待人格权立法方式和确认方式问题上所持的态度。以上分歧与人格权自身特点密切相关，与其他民法问题相比，人格权因为与自然人伦理价值的密切联系，使其立法具有鲜明的独特性。综观世界各国或各地区民法立法可以发现，人格权立法方式和确认问题一直都处于难以调和的分歧之中，这也使人格权立法面临困境。如何选择和确认人格权立法方式成为解决人格权立法困境的一大问题。

二、人格权入法归属问题

在明确了人格权的双重属性后，为了能够更好地实现对人格权的保护，必须进一步在民法中对人格权加以规定。因为如果仅仅因为人格权最早由宪法规定而只停留在由宪法保护的程度，没有获得民法确认其私权属性并给予具体规范的话，人格权就只能是一种宽泛的基本权利，更多的是调整国家公权利对公民权利的侵害，很难全面而具体地调整在市民社会中民事主体之间的私权利对私权利的侵害，这就使宪法最初设立人格权的目的没能实现。由于人格权本质上的特殊性，导致其与基本权利和其他民事权利都有所不同，实现人格权的保护须由宪法和民法共同实现，宪法性人格权的私法化转变必不可少，有学者指出："我国宪法关于公民基本权利的规定，远远超出实证民法的范畴，故而，应该突破传统意义的所谓民法规范视线，从整个宪法秩序中探求私法范畴，应通过注视和直接援引宪法中的基本权利规范，来拓展私法权利体系及其深度保护。"[②]因此，在当代人格权的发展中，也应当顺应

① 尹田.论人格权的本质——兼评我国民法草案关于人格权的规定[J].法学研究,2003 (4).
② 龙卫球.论自然人人格权及其当代发展进程——兼论宪法秩序与民法实证主义[M].清华法学（第二辑）.北京:清华大学出版社,2003.

这种民法与宪法间的互动发展趋势。有必要突破目前民法对人格权的认识的局限性，在宪法的视野下探索人格权的法律定位、人格权立法及保护依据。

综上所述，不能因为宪法将人格权规定为基本权利而忽视民法典对人格权的权利定性及立法确认，必须通过民法对人格权的规定，完成其私法化的转变，以便实现对于人格权的科学地保护。

三、人格权法独立成编问题

在中国制定民法典的过程中，对于人格权是否应单独成编学术界存在很大的争议。以尹田教授为代表的学者认为人格权并非是一种具体的权利，他认为法律无法穷尽对人格法益的规定，所以人格权不宜独立成编，主要有两点理由：其一，人格权本质上是一种宪法性权利而非民事权利，与民法上的物权、债权以及身份权等非属同类，在民法典上不应作为民事权利的一种类型予以并列规定；其二，自然人人格与法人人格具有本质上的不同，自然人人格权为伦理性权利，所谓"法人人格权"实为财产性权利，无任何伦理性价值，故法人无人格权。[①] 还有一部分学者认为，在德国司法中，司法实务创制一般人格权的依据是德国基本法，这表明人格权不是调整私法生活关系的结果，否则人格权利完全可依据民法理念和基本原则来创设。这是反对人格权独立成编的主要理由。梁慧星教授指出，人格权与民事主体的主体（人格）问题紧密联系在一起，自然人人格与人格权不可分离，因此人格权确认规则只能置于民法总则编中的"人法"之下，《瑞士民法典》于第1编第1章第1节规定"人格法"的做法即为例证；而且此种模式也体现了人格权相较其他民事权利而言更具优越性的立法价值。[②] 以王利明教授为代表的学者主张人格权应独立成编。有学者认为，人格权制度既不能为主体制度所涵盖，也不能为侵权行为法所替代，而应该单独成编。[③] 王利明教授更是明确指出，人格权与财产权都是非常重要的民事权利，处于同等位置，财产权立法已经完成，人格权也应该在民法典中单独规定。此外，我国既有的侵权法并

---

① 尹田. 论人格权独立成编的理论漏洞[J]. 法学, 2007 (5) .

② 梁慧星. 民法典不应单独设立人格权编[N]. 法制日报, 2002-8-4.

③ 曹险峰, 田园. 人格权法与中国民法典的制定[J]. 法制与社会发展. 2002 (2) .

不能完全涵盖人格权保护的相关规定，人格权的规定不能完全依赖于侵权法，侵权法对人格权只能起到保障作用而无法将人格权利化。① 人格权法是否独立成编的问题不仅关系到民法典体系结构的选择和构建，也与合理理解和解释人格权概念密切相关。人格权是否独立成编问题作为人格权立法过程中的重要问题，亟待解决。

四、人格权列举及新型人格权保护问题

随着科学技术的提高、社会发展的日益增快、新生事物的不断出现、新的人格法益的产生，自然会出现新型的人格权。但已经作为实在法存在的人格权法，无法预知新型人格权的出现和存在，亦无力保护未来可能出现的新型人格权。新型人格权保护问题随之产生，立法上如何保护新型人格法益是该问题的核心。

目前学界有两种观点：第一种观点，将人格法益统一规定为人格权，实现完全的权利化保护；② 第二种观点，列举典型的人格权，同时对非典型的人格法益通过"一般条款"进行开放性保护。这种观点认为"采纳一般人格权，就意味着人格性质的法益的民法保护非常严密、全面，不会存在因为法律滞后于社会的发展而出现的法律漏洞。"③ 还有学者认为，"对个别人格权之外的'其他人格权'（或应受法律保护的其他人格利益）的保护最好还是采取类型化的方法，当然这样的类应当尽可能大一些，内涵相对确定，以便容纳个别人格权之外的'其他人格权'或其他人格利益，又不至于扩大到内涵与外延都不确定的一般人格权概念。"④

第一种观点在立法上通过明确列举各种人格权来实现，对于新出现的人格权则通过司法解释先行确认然后逐步纳入到人格权体系中，如隐私权就是通过司法解释对其进行间接保护的，等待其成熟后纳入到人格权中。第二种观点能有效确保法律的稳定性，列举典型人格权，但对非典型人格法益是采

---

① 王利明. 人格权制度在中国民法典中的地位[J]. 法学研究, 2003 (2) .

② 薛军. 人格权的两种基本理论模式与中国的人格权立法[J]. 法商研究, 2004 (4) .

③ 王利明. 试论人格权的新发展[J]. 法商研究, 2006 (5) .

④ 李树真. 一般人格权争议问题我见[J]. 山东师范大学学报: 人文社会科学版, 2005 (6) .

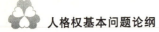

取一般条款模式还是类型化模式，有待进一步深入研究论证。

人格权的保护范围越来越宽，人格权的种类逐渐增多。人格权体系构建、人格权权利属性的定位、一般人格权的性质认定以及人格权的立法问题，都是我国人格权理论研究的重要课题，形成不同观点和学说。总结人格权理论的这些争议，可以看出：（1）人格权、一般人格权、具体人格权之间存在逻辑矛盾，废除一般人格权和具体人格权的概念、改变人格权体系内"一般人格权+具体人格权"的体系设置，是建立我国人格权体系的正确选择。（2）人格权兼具宪法性基本权利及私法性民事权利属性。就产生的基础而言，人格权属于宪法性基本权利。而在实证意义上及权利保护层面上来讲，人格权更应当作为一项民事权利来对待，并完成人格权的私法确认。（3）基于一般人格权性质的不同学说可知，我国人格权理论存在相当大的理论漏洞，废除一般人格权的概念与具体人格权的概念，是我国人格权立法的正确选择。（4）人格权立法条件已经成熟，但需要理论先行，也面临诸多理性选择。

第三章　反思篇：人格权理论的理性思辨

第一节　人格权理论基本概念厘定

一、人格权的证成

人格权问题，在今日中国之所以重要，原因有两个方面：一是现代科技、都市化生活，使个人隐私、信息、安宁、肖像与姓名、名称、商业信誉易受加害人利用摄像、网络、电信等现代科技手段的侵害；二是社会文明的发展使人们的生存需求提高，人的自由、尊严、受教育程度、特殊群体的人权等成为社会的基本问题，有尊严地生存是人的基本需要。人格权的种类不断增多，人格权成为法学研究的重要课题。[①]

（一）人格权的现实期待

1. 实践需求

改革开放以来，伴随社会主义市场经济体制的逐步建立及经济的高速发展，个体的自由与独立进一步得到彰显和提升，人们的生活呈现多元化和复杂化，出现了越来越多的侵害人格权的事件。侵害的方式、手段也趋于技术性和复杂性，导致公民关于人格权的诉求越来越多。我国现行法律对于人格权的保护只是在宪法和民法通则中作了简单的规定，缺乏具体明确的规定和可操作性，没有完善的人格权法律保护制度。因此，面对纷繁复杂的侵害人格权案件，现行的法律规定就显得苍白无力。

虽然我国关于人格权没有具体、系统的法律规定，但是我国早期立法及司法解释对人格权保护都进行了有益的尝试和探索。例如，《中华人民共和国民法通则》对生命健康权、姓名权、名称权、肖像权、名誉权、荣誉权和

---

① 刘士国. 新生人格权问题研究[J]. 法学论坛, 2011 (6) .

婚姻自主权的规定；《中华人民共和国侵权责任法》对生命权、健康权、姓名权、名誉权、荣誉权、肖像权、隐私权、婚姻自主权、监护权作出规定，并概括性地将"等人身、财产利益"作为"兜底条款"，以实现对未来新生而尚未实现法定化的人格权类型及人格权利益的保护；《最高人民法院关于贯彻执行〈中华人民共和国民法通则〉若干问题的意见》首次将"隐私权"纳入人格权体系中，对侵犯公民及法人名誉权、姓名权的行为作出具体的规定；《最高人民法院关于确定民事侵权精神损害赔偿责任若干问题的解释》确认了非财产性人格权利的精神损害赔偿请求权，明确规定了身体权、人身自由权、人格尊严权及对隐私权的保护，同时也提出了对死者人格法益、具有人格象征意义的特定纪念物的人格法益等给予确认和保护；《最高人民法院关于审理人身损害赔偿案件适用法律若干问题的解释》对公民生命、健康、身体受到损害案件的归责原则、侵权类型、赔偿方式等作了详细的规定。《中华人民共和国消费者权益保护法》对人格尊严与自由的规定、《中华人民共和国未成年人保护法》对未成年人个人隐私的保护、《中华人民共和国残疾人权益保障法》对残疾人人格权的强调，现行人格权立法对人格权保护的尝试和探索，体现了对人格权进行立法确认的实践需求。

随着社会经济的发展，社会生活呈现复杂化和多元化，人格权保护面临着严峻的挑战。如前所述，我国的宪法和民法通则及一系列司法解释、单行法规对人格权保护都作出了规定，但是截至目前，我国仍然没有建立起完善的人格权法律保护制度，没有确立人格权体系。随着我国社会经济的飞速发展，个体自由、人格独立观念深入人心，公民的人格权保护意识普遍提高，经济与技术的快速发展严重地威胁了公民的人格权，并且侵害人格权的方式和手段越发技术化与复杂化，当前的人格权法律规定已经不能满足社会发展的需要，建立完善的、系统的人格权法律保护制度已是大势所趋。

2. 社会期待

马克思主义经典著作认为，经济基础决定上层建筑。社会转型时期经济体制的改革解放和发展了生产力，经济得到了迅速的发展，但经济基础对上层建筑的影响和决定作用并不会相伴而生，需要经历一个不断发展和积淀的过程。①自改革开放以来，我国进入了社会主义市场经济，我国的社会经济进入了高速发展的时期。相对于经济的飞速发展，我国相关法律规定却相对滞后，尤其是在人格权的保护方面显得尤为突出，建立系统完善的人格权保护制度的社会呼声越来越高。实行经济体制改革，发展社会主义市场经济，使人们的生活发生了翻天覆地的变化。生活水平的提高，生活方式多元化，人们进行社会活动的宽度和广度得到了巨大的提升，精神文化生活水平的不断提高，使社会民众对人格的独立和维护意识显著增强。正如美国路易斯·亨金所言："人权，人们一直认为它们是每个个人对自己生活于其中的社会所享有或应该享有的正当性要求。"②在社会主义市场经济体制下，社会民众是市场经济的主体，纷繁复杂的社会经济生活必然导致作为主体的民众对于人格权的诉求越来越多。生活方式多样化，利益主体多元化，会引发不同利益主体的社会矛盾，如贫富差距、就业、住房等社会问题，使我国人格权保护面临新的挑战。在经济高速发展的社会背景下，利益的驱使是当今社会人格权被侵害的一个重要原因。近些年发生的三鹿奶粉事件、"瘦肉精"事件、人肉搜索事件等，都彰显出我国社会民众的人格权保护面临着严峻的问题和挑战。科学技术的迅速发展，使侵害人格权的技术手段多样化，侵害方式的技术含量越来越高，我国现有的法律规定对人格权的保护有心无力。互联网的应用与普及、网络的开放性和互联性，在丰富人们日常生活的同时，也增加了人格权受到侵害的可能性与危险性。同时，个人信息的网络传播具有越来越高的经济价值，利用他人的个人信息宣传、推销商品的现象愈演愈烈，构成对包括肖像权、身体权、健康权等人格权的侵害。在这样的时代背景下，人格权的保护得到了越来越多的人认同，建立完善的人格权保护制度已是大势所趋。

当前，我国正在建设社会主义法治社会，法治的发展从根本上讲是人自身的发展，是人自身的解放过程，法治作为现代社会的标志，与人的发展是密切相关的。只有在人的发展前提下，人们才可能自觉地遵守法律，并且出

---

① 周开方. 我国人格权的法律实践分析[M]. 北京: 法律出版社, 2012: 11.

② [美]路易斯·亨金. 当代中国的人权观念: 一种比较考察[M]. 北京: 法律出版社, 1999: 81.

于对法律的真诚信仰，接受法律对生活的调节和安排，实现真正的法治秩序。① 随着我国社会主义市场经济体制的确立，国家对市场进行宏观调控，市场主体的自由、独立意识增强。市场经济的自主性、平等性促使人们破除了过去的等级特权观念，人性得到了解放和发展，自主、自强、自立、自尊的人格意识逐步觉醒，独立、自由的意识日益深入人心。人权的基本精神与法治的要求是紧密契合的，彰显人权基本精神的内在需要，是法治社会的精神实质。人作为社会主体，维护个人的尊严与价值，保障人的人格独立和平等，才能促使人们都以自己的意志支配自身自主地参与、从事社会活动，自觉地遵守法律规定，促进法治社会更好、更快地建设与发展。

（二）人格权的基础阐释

1. 人格权的法哲学基础

人生在世，身体是人在这个世界存在的唯一外在表现形式，而且也是人与自然、社会产生交集的载体。哲学家们高扬理性的旗帜，身体作为感性与欲望的直接承载，这种表现始于哲学，与法学的直接映照就是人格领域的理论与制度。② 哲学中的理性人格为平等的法律人格奠定了理论基础，也为人格权这一概念的源起提供了重要的理论依据。人格权是具有伦理意义的主体人格所享有之权利，对人格权的研究应当首先深刻认识和剖析人的本质，而在哲学上人格体现为对人的本质的认识，因此，要进一步探寻人格权的起源和基础，就要从哲学的角度深入研究和挖掘人的本质，进而为人格权概念的确立提供坚实的理论基础。苏格拉底将求知和求善作为衡量世人德行的标准，认为人的本质应该是灵魂。柏拉图在苏格拉底认知的基础上加以继承和和发展，指出人的本质应为理性。公元11~18世纪，文艺复兴和启蒙思想运动的兴起，使得人类的理性认识与现实生活高度结合，为人的本质的深入探究提供了良好的人文环境。其他近代哲学家，如洛克、莱布尼茨等人的观点也体现出对理性的宣扬，但并没有将理性作为伦理体系的基础。德国哲学家

---

① 周开方. 我国人格权的法律实践分析[M]. 北京: 法律出版社, 2012: 19.
② 姜新东. 人格权的哲学基础探源——理性与身体在人格中的角色变迁及法律意义[J]. 东岳论丛, 2011 (8).

康德将理性作为其理论研究的起点，首次从哲学的角度对人格进行全面研究和阐述，发掘人格和理性的契合点，为人格权研究奠定了坚实的理论基础。人格权的理论最先出现在德国，起着主导作用的便是康德的伦理人格主义。康德是最早从哲学角度对人格权进行全面阐述的哲学家。他的哲学思想"哥白尼式的革命"不仅使哲学从本体论转向了认识论，而且使哲学的"自我意识"转向了"人格意识"。① 康德把"人格"这一伦理中的概念引入哲学中，并对《德国民法典》制定者的精神世界产生了深刻的影响。② 康德的伦理人格主义认为，人是目的，而这种目的是建立在理性的基础上的。人作为有理性的生物，都自在的作为目的而实存着的，在他的一切行为中，不论是对于自己还是对他人，任何时候都必须被当作目的。③ 在康德的学说中，其核心思想即自由是理性永恒的本质。"自由是独立于别人的强制意志，而且根据普遍的法则，它能够和所有人的自由并存，它是每个人由于他的人性而具有的独一无二的、与生俱来的权利。"④ 康德强调，人格应独立于其他一切之上，人有尊严，人格的尊严是无价的。自由且独立的人格，应该是人的理性在现实中的最有价值的体现，即人所追求的最高的伦理价值。人格，作为伦理上与生俱来的权利，应该是人追求其他一切目的的决定因素。自由是康德伦理人格主义的核心，分为伦理上的自由和法律上的自由。其主要思想是人可以自主的决定自己的意志，只要我们能够遵守我们内心形成的道德，那我们就是自由的。由内心意愿形成的自由意志，应该作为我们生活中的标准和准则，无论我们做什么，都应该遵循这种准则。只要是不符合这种自由意志准则的，就是没有自由的，就是违背道德的。一个人，如果没有能力按照自己内心的意志去做自己想做的事，那他或她就没有拥有自由。一个没有自由的人，不可能是有道德的人，更不可能是有人格的人。自由意志由两个重要方面构成，即自主决定和自己负责。人的意志，是由人的内心意愿自主决定

① 曹险峰. 人格权与中国民法典[M]. 长春:吉林大学出版社, 2005: 85.

② [德]卡尔·拉伦茨. 德国民法通论（上册）[M]. 王晓晔等译. 北京:法律出版社, 2003: 46.

③ [德]康德. 道德形而上学原理[M]. 苗力田译. 上海:上海人民出版社. 2005.

④ [德]康德. 法的形而上学原理——权利的科学[M]. 沈淑平译. 北京:商务印书馆, 1991: 50.

的，人可以自主地决定是否遵循这种自由意志，这就是自由意志的自主决定。人可以自主选择是否遵循自由意志，但是我们不能保证这种选择是否符合道德的规定，以及这种选择是否是正确合理的。"任何一个行为，如果它本身是正确的，或者它依据的准则是正确的，那么，这个行为根据一条普遍法则，能够在行为上和每一个人的意志自由同时共存。"① 也就是说，我们依据内心意愿或按自由意志所作的行为所遵循的准则，如果能够和社会上其他人的准则是相近的，能够同时并存，那它就是具有道德的，是正确的。由于人在按照自由意志行事时是具有选择的自由的，因此，在他作出选择的同时，他就应该为自己的行为负责，这就是康德的责任自负理论，这种理论指出了民法的核心思想，为民法理论的发展作出了巨大的贡献。在康德的伦理人格主义主宰了理论界 80 多年后，1866 年格奥尔格·卡尔·纽内尔（Georg Carl Neuner，1815—1882）的著作《私法法律关系的性质以及种类》的出版标志着"人格"这个时髦名词确定为法学概念的努力获得了成功。在人格主义理论形成并快速发展的基础上，纽内尔继承并发展了康德的伦理人格主义，其主要思想是人格权即人能够自行地确定自己的目的，并能够依照已形成的确定的目的而去发展自己的权利。他的这种思想影响深远，《德国基本法》第 2 条关于"人格自由发展权"就是以他的思想为主导的。纽内尔对于人格权的发展的最大贡献在于他首次明确提出了人格权这一概念，并深刻的阐述了其内涵，为人格权理论的发展指明了道路。而人格权作为真正意义上的私法理论研究则开始于 19 世纪末期的德国法学家奥托·吉尔克。在他的理论中，人格权就是指保障一个主体能够支配自己的人格必要组成部分的权利。② 正是在这个意义上，人格权可以称为"对本人的权利"，而且通过这一客观性地表述可以清楚地将它与其他的权利区别开。

2. 人格权的法理学基础

人不仅是自然的存在，也是伦理价值的存在。③ 随着人的价值和尊严在

---

① [德]康德. 法的形而上学原理——权利的科学[M]. 沈淑平译. 北京: 商务印书馆, 1991: 50.

② [德]奥托·吉尔克. 德国私法[M]. 第 1 卷. 1895: 702.

③ 马俊驹, 张翔. 人格权的理论基础及其立法体例[J]. 法学研究, 2004 (3).

世界各国或各地区被认可，人的伦理价值逐渐为法律学者和立法者所广泛认识到，已经为世界各国或各地区民事立法所关注，并以"人格权"作为保护人的伦理价值的法律技术手段。人格权作为一项权利，是人的伦理价值的权利化塑造。本文从权利视角提出人格权的法理学基础，以期对人格权概念的确立提供理论支持。

人格权，通常被理解为权利人针对自己本身的权利，①说明人格权的主体和客体具有同一性。因此，一些学者认为人格权权利结构不具备逻辑合理性，对人格权这一概念存有质疑。追溯其渊源，这种观点最早来自于萨维尼。萨维尼虽承认每个人有独立支配自己意思领域的权利，但却否认对自己自身的实定法上的支配权，并由此引申出一个观点，认为对自己身体支配权的承认等同于对自杀的正当化。②此外，萨维尼认为，自然人自身拥有的合法权利无须实体法予以承认，本就该受到刑法和民法规范的保护。③通过以上分析可以发现，萨维尼的质疑已经涉及人格权的存在是否有其必要性的问题了。首先，对于权利的理解。黑格尔认为，人的本质就是人的意志，"自为地存在的意志即抽象的意志就是人"，④人的这种属性具体表现为人具有认识自身的能力。同时，黑格尔还认为，"人为了作为理念而存在，必须给它的自由以外部的领域。因为人在这种最初还是完全抽象的规定中是绝对无限的意志。所以这个有别于意志的东西，即可以构成它的自由领域的那个东西，也同样被规定为与意志直接不同而可以与它分离的东西"。⑤黑格尔亦主张，人的意志并不仅仅存在于人的内部，还存在于外部领域，而意志的外在表现需要人本身作为载体，即黑格尔建立的以所有权为基础的权力体系的思想精髓——"权利：人与外部事物法律上的连接"。⑥换言之，单纯的主观意

① 郑永宽. 人格权概念解析[D]. 北京: 中国政法大学出版社, 2006.

② 郑永宽. 人格权概念解析[D]. 北京: 中国政法大学出版社, 2006.

③ [德]弗里德里希·卡尔·冯·萨维尼. 萨维尼论法律关系[M]. 田士永译; 郑永流. 法哲学与法社会学论丛（第7辑）.北京: 中国政法大学出版社, 2005: 5-8.

④ [德]黑格尔. 法哲学原理[M]. 范扬, 张企泰译. 北京: 商务印书馆, 1961: 46.

⑤ [德]黑格尔. 法哲学原理[M].范扬, 张企泰译. 北京: 商务印书馆, 1961: 50.

⑥ 马俊驹, 张翔. 人格权的理论基础及其立法体例[J]. 法学研究, 2004 (3): 46.

志在外界是没有实际价值的，这一意志需要载体加以体现，进而为外界所知晓和认可。该载体在法律技术层面，则是通过"法律"本身的实在性与公开性来体现的。确切地讲，在法律上用以表彰外部事物上人的意志存在的载体，就是"权利"。①事实上，黑格尔对人的意志与外部事物衔接作用的强调，是可取的，但是对于权利的理解是不完全正确的。人的权利最直接的表现方式是人对物的占有，但并不能说明人对物的占有是权利的所有。人对一项权利的享有，不仅仅以对物的占有为标志的，有时候还以人与人之间的自由度作为界定标准。由此可见，按照黑格尔的观点，以所有权为基础的权利体系去探究人格权的存在价值是不科学的，人格权作为一种新型的权利，与所有权相比有其特性，不能一概而论。此外，"某种以人本身为标的的权利是存在的。这样一个概念是不会违反逻辑的，因为权利是一种理想中的意志权力，而甚至人类意志的物质权力也不单单及于外部世界，而是也包括这一意志的主体的本人的人身；这个概念也不会使我们背上道义上荒谬的后果，因为这些权利必须被视为不可放弃的，如果对这些权利自愿加以限制是违反了公共秩序，那么，这种自愿限制的行为也是不允许的"。②以上观点足以说明人格权作为一种以人本身为标的的权利，其权利结构具备逻辑合理性，即人格权概念的存在是合理的。其次，对人格的保护是否需要以权利的形式加以实现。法律确实是以人为中心，给予人最全面的法律保护。人格权是一项民事权利，刑法、行政法的存在确实能保护到人的不同层面，但是民法与刑法、行政法等法律规范在原则、技术、功能等方面都存在较大的差异，因此，刑法和行政法的存在并不能给人格最全面的法律保护；在人格受到他人侵犯时，刑法和行政法等其他法律规范也不能给予充分救济。此外，一些学者认为侵权法可以保护权利以外的一般法益，即侵权法可以给予人格以全面的救济和保护。但是，权利和法益在本质上是不同的，以法益形式保护人格和以权利形式保护人格取得的效果也是完全不一样的，这更加体现了以权利形式保护人格法益的必要性。权利，并不仅仅是法益和法律之力的结合，更

---

① 马俊驹，张翔.人格权的理论基础及其立法体例[J].法学研究，2004（3）：47.

② [葡]Carlos Alberto da Mota Pinto.民法总论[M].法律翻译办公室译.澳门：澳门大学法学院,156.

应该是正义的价值的体现。只有将法益权利化，使得权利具备正义性，才能使权利所保护的法益受到侵犯时，推定为行为人的侵犯行为违法，进而更好地保护这一法益。具体而言，只有将人格法益权利化，才能保障人格法益受到侵犯后得到全面的救济，因此，权利机制对于人格法益的保护更加有效。权利，本身即为类型化的产物，类型化的权利借由相对清晰的权利边界，可为社会所认知而减少被侵犯之可能。[①]此外对于人格权的保护已经从消极防范扩展到积极的保护机制，如姓名权、肖像权的类型化保护，消除妨害、预防妨害等人格请求权的确定，都充分反映出人格权存在的必要性。

综上所述，笔者认为，将人格以权利的形式加以保护是有必要的，人格权的权利构建也是符合逻辑的，即人格权的存在是合理且有必要的。

3. 人格权的民法基础

民法是市民社会的基本法，也是保障私权的基本规则。[②]人格权作为一项民事权利，其存在有着坚实的民法基础。

首先，民法的人文关怀，为人格权的确立奠定了理论基础。"人文主义"源于德语，发展至今主要强调以人为本的理念，强调人的尊严、自由、价值和权利实现的最优化。所谓人文关怀，是指充分保障人的自由和尊严，促使人的权利之实现，以及对社会弱势群体给予特殊关照。民法是人文主义的，应该将人文关怀认定为民法的价值基础。民法的人文关怀并不是当代产生的，而是具有深刻的社会历史背景的。文艺复兴对人性的解放，为欧洲哲学、法律、文学的繁荣和发展提供了良好的人文环境，该浓厚的人文主义气息也深刻地影响到欧洲大陆民法典的制定。人文主义者认为"每个人在他或她自己的身上都是有价值的——我们仍用文艺复兴时期的话，叫作'人的尊严'——其他一切价值的根源和人权的根源就是对此的尊重"。[③]18世纪后半期，康德的理性哲学更加强调人的主体地位，认为人的尊严就是人类的绝对价值。随着理论哲学的兴起和发展，社会逐渐认识到人格独立和人格尊严的

① 郑永宽.人格权概念解析[D].北京:中国政法大学出版社,2006: .

② 王利明.民法的人文关怀[J].中国社会科学出版社,2011 (4) .

③ [美]艾伦·沃森.民法法系的演变及形成[M].李静冰.姚新华译.北京:中国法制出版社,2005: 144.

重要性，并将维护人格独立和人格尊严当成是制定法律所要实现的目标，在此背景下，《德国民法典》《法国民法典》相继诞生。近代民法以权利为本位，仍然重点强调人的主体地位。受到人文主义的熏陶，欧洲大陆于近代确立了私法自治和人格平等的民法基本原则，旨在最大限度地保障人的主体地位和人的尊严。人格平等打破了等级制度和身份制度的牢笼，重在强调人的平等性和独立性，承认了保护人的人格尊严之必要性；私法自治重在强调人的自由价值的实现，保障人的自由在一定限度内得以实现。在现代民法中，人文主义得到了进一步的发展，逐渐实现了形式正义和实质正义的有效结合，旨在实质上实现人的平等与自由，是民法人文主义关怀的升华。人格权是民法人文主义的直接体现。对人格权产生的理念层面和具体制度构建进行分析可以发现，实现对人的尊重和保护，是人格权之核心思想，人格权是在民法权利中对人的保护最为彻底、全面的一项权利。"根据人格权的一般结构，人格权是一种受尊重权，也就是说，承认并且不侵害人所固有的'尊严'，以及人的身体和精神，人的存在和应然的存在"。① 这在根本上体现了人格权存在的理论价值。在人格权具体制度构建中，人格权所保障的是人的基本权利，是人为维护其独立人格而固有的基于自身人格利益的权利，如生命权、名誉权、隐私权等。② 此外，传统民法以自由和平等作为价值基础。但是由于传统民法偏重于财产权，这就使得自由和平等的实现大多数时候只停留于形式层面。随着人文主义理念的发展，现代民法的价值取向也有所变化，逐渐强调对人的自由和尊严的实质性保障，这也集中体现在人格权立法中。德国于1948年颁布的《联邦基本法》中明确指出要"保障人格的自由发展"。德国法官基于该规定确立的"人格尊严不受侵犯"原则创设出一般人格权，旨在通过一般人格权制度给予人的尊严、人格自由等权利或法益以私法保护。③ 随后，人格法益的保护在各国或地区的民法典制定过程中或者民法的修订中逐渐得到高度关注，从立法上给予人格法益的全面保护。例如，

---

① [德]卡尔·拉伦茨. 德国民法通论（上册）[M]. 王晓晔，等译. 北京：法律出版社，2003：282.

② 姜新东. 人格权的理念与制度构建[D]. 济南：山东大学，2012.

③ [德]卡尔·拉伦茨. 德国民法通论（上册）[M]. 王晓晔，等译. 北京：法律出版社，2003：170.

许多国家在新颁布的民法典或者即将编纂的民法典或者正在修订的民法中，明确规定了人格权保护的法律规定，有的国家还将人格权独立成编，进一步增加了人格权保护的途径。总体而言，人格权是民法人文关怀下保护人格法益的时代产物。将人格法益上升到权利的高度并加以保护，是民法人文主义理念价值发展的必然结果。

其次，民法精神是人格权确立的理论支撑。20世纪90年代，张文显先生在《市场经济与现代法的精神论略》中首次对民法精神进行了探讨，具体内容包括人文精神、效率优先、宏观调控、意思自治、权利本位这五个方面，也侧面阐释了民法的精神，即自由、平等、公平、效率、人性。1994~1995年，学者们对民法精神的探讨是以法制现代化为基础的，此阶段的民法精神为法理学的重构奠定了坚实的理论基础。章礼强先生于1996年撰写的《民法精神论》为民法精神的独立界定拉开了序幕。此时，对民法精神的界定由与法理学重构融合的模式正式转化为独立模式，并明确对民法的精神给予界定，即主体意识、权利义务和意思自治，体现了民法精神的法律价值。1996~2003年，学界对民法精神的探讨进入一个更深的理论层次，对民法精神的平等内涵、价值意蕴以及文化本源进行深入探讨，从整体上推进民法精神的理论研究。关于民法精神的内涵，学界有不同的观点。一说民法精神为自由、平等和博爱；二说民法精神为平等、自愿、公平、诚实信用、公序良俗、禁止权利滥用。综合以上观点，笔者认为，民法的精神应当包括诚信、自由、公平、平等和人格，其中人格是民法的精髓。"人格一词直接表征着人之为人的根本意义与价值之所在。一般说来，人格指的是体现社会价值的人的精神形象，是人的'类性'在个体性上的体现。"① "就法学视角而言，人格一词往往在三种语境下适用：一指具有独立的法律地位的个人和组织；二指法律主体必备的权利能力；三指受法律保护的法益。"② 前两点体现了民法的平等性的精神，第三点则体现了人格法益。人格法益的核心是人格尊严，是对人的行为、人身、精神、安全等方面享有的法益，强调了民事主体

---

① 张青兰, 李建生. 论公民人格的价值内涵[J]. 南昌大学学报: 人文社科版, 2004 (2) : 18.
② 刘凤景, 管仁林. 人格权[M]. 北京: 中国社会科学出版社, 1999: 102.

的主体地位，并指出人格尊严应受到维护。具体内涵包括两个方面：第一，人格尊严是民事主体在自我认知领域的重要表现；第二，人格尊严是一种社会态度，是其他人和社会对处于主体地位的人的尊重。人格尊严作为民法精神的价值体现，具有深刻的社会意义，是构建人格权和完善人格权立法体系的理论保障。人格权的确认和构建，旨在保护人格法益，维护公民的人格尊严。民法精神的这一终极价值体现出人格权确立的必要性和合理性，这也为人格权的确立和立法提供了理论依据。

4. 人格权的立法基础

随着《中华人民共和国侵权责任法》的颁布实施，民法各主要部分的立法大体完成，人格权立法被提上议程。人格权作为全面保护人的生命、健康、身体、隐私等人格法益的权利，自确认以来受到社会和立法者的高度重视。此外，我国正在建立社会主义市场经济法律体系，健全的法律体系对我国发展尤为重要。其中人格权立法是我国目前重要的立法任务，确立人格权立法的独立地位，具有重要的时代意义。但是，由于人格权本身的丰富性和复杂性，在人格权立法层面实现人格权的体系化、系统化和科学化是具有一定难度的。这就需要立法者在我国现今人格权立法状况的基础上进一步完善和优化，构建健全的人格权立法体系，充分保障我国公民的人格法益。纵观我国人格权保护现状可以发现，我国《宪法》《民法通则》及相关司法解释中对人格权保护都有所规定，这就为人格权利法奠定了上位法基础。我国《宪法》在第2章"公民基本权利与义务"中对人格权保护作出规定，其中第37条是对人身自由的有关规定："中华人民共和国公民的人身自由不受侵犯。"第38条对人格尊严保护作出了相关规定："中华人民共和国公民的人格尊严不受侵犯。禁止用任何方法对公民进行侮辱、诽谤和诬告陷害。"《宪法》第37条、第38条的规定充分体现了我国对保护人格尊严和人格独立的立法肯定。人格尊严和人格独立是《宪法》规定的基本权利，可以为人格权立法和民事规范的运行提供价值基础，这是民法内部法律技术所要面对和解决的关键问题。《宪法》将人格尊严和人格法益的保护原则纳入其中，民法作为宪法的下位法，应当将这一保护原则贯彻到民法之中，切实做好人格权的立法工作，进而实现人格法益保护的实质性目标。《宪法》第 41 条第 3 款规定："由于国家机关和国家工作人员侵犯公民权利而受到损失的人，有依照法律规定取得赔偿的权利"。该条款通过国家赔偿这一救济手段，对公民的合法权利给予法律保护，其中当然包括对公民人格法益的保护。这一规定可以作为对人格权进行法律救济的立法基础。我国第四次宪法修正案的第 33 条第 3 款规定："国家尊重和保障人权"确立了我国立法对公民人格法益保护的宪法原则。根据对宪法中人格权保护立法规定的分析，我国宪法对人格权的保护大体上比较全面，但是在实践层面，由于宪法只是概括性地规定了人格权保护原则，并未具体规定公民需要保护的人格法益和保护措施，加之我国没有宪法法院等制度限制，宪法对人格权的保护无法落到实处。《民法通则》中对人格权保护规定得较为全面，进一步扩大了需要保护的人格法益的范围，为健全人格权立法体系提供了良好的立法基础。具体而言，我国《民法通则》在立法模式上采用人格法定主义，即"权利保护"模式，主要表现在以下两个方面：第一，用权利能力概念构造法律人格。《民法通则》第 2 章（公民）第 1 节专门规定了民事权利能力和民事行为能力。第 9 条规定："公民从出生时起到死亡时止，依法享有民事权利，承担民事义务。"第 10 条规定："公民的权利能力一律平等。"第 9 条和第 10 条体现了每一个公民都平等的享有民事权利。民事权利中包括人格权，从而为《民法通则》明确规定人身权奠定了立法技术的基础，排除了近代民法伦理人格构造下难以产生人格权的可能性。[①]第二，人格权的概括式规定。《民法通则》中具体罗列了生命健康权、姓名权、名称权、肖像权、名誉权和婚姻自主权等权利，逐步确立了人格权类型化保护模式。我国《民法通则》中有关人格权的规定，对人格权立法具有重要的指导作用，具体体现在以下三个方面：首先，人格权在我国民法上正式得到确认和保护。《民法通则》颁布以前，虽然我国有关立法对人格法益保护的各个方面有所涉及，但是人格权一直没有得到直接的认可和确定。《民法通则》的颁布，正式将人格以权利的形式加以保护，

---

① 霍银泉. 一般人格权研究[D]. 长春: 吉林大学, 2012: 103.

可以说是我国民事立法的一大进步。正如梁慧星教授所说，"中国《民法通则》的问世，使世界法律界为之瞩目。被誉为中国的人权宣言"。①其次，对人格权立法采取"权利保护"模式。《民法通则》在充分考虑我国国情和把握当今世界人格权立法趋势的基础上选择以权利的形式保护人格权，对人格权的保护有重大意义。纵观我国数千年的历史，人民的权利一直未被重视，直到新中国成立以来人民的权利也未得到切实保护。此外，由于我国民主法治建设不够健全，司法工作人员整体素质不够高，如果不将人格权法定化，人格权保护之目的在我国当前法治环境下将难以实现。因此，人格权法定化，用权利手段保护人格利益是符合我国国情的正确选择。②最后，我国《民法通则》关于"民事权利"一章的规定，为我国人格权立法独立成编奠定了基础。我国《民法通则》对民事权利进行分节规定，给予人格权保护相对独立的地位，对我国人格权立法独立成编具有重要的指导意义。总体而言，我国《民法通则》对公民人格法益的保护是比较全面的，并且与中国国情紧密结合，具有鲜明的中国特色，能够更好地指导人格权立法工作的展开。此外，最高人民法院《关于贯彻实施〈中华人民共和国民法通则〉若干问题的意见》第140条规定："以书面、口头等形式宣扬他人的隐私，或者捏造事实公然丑化他人人格，以及用侮辱、诽谤等方式损害他人名誉，造成一定影响的，应当认定为侵害公民名誉权的行为。"这可以看作是最高人民法院保护公民人格尊严的司法解释条款。③2001年2月，我国最高人民法院《关于确定民事侵权精神损害赔偿责任若干问题的解释》中，就自然人的人格尊严和人身自由权受到损害时可以请求精神损害赔偿作出明确规定，进一步为人格权的保护提供了法律依据。综上所述，目前我国人格权立法具有比较全面的上位法基础，对人格权立法体系的构建具有指导意义。

（三）人格权的属性界定

前文已经论述过人格权权利属性之争，并介绍了三种学说：宪法性基本

---

① 梁慧星. 民法总论[M]. 北京: 法律出版社, 2001: 88.

② 霍银泉. 一般人格权研究[D]. 长春: 吉林大学, 2012: 106.

③ 邹丹. 论一般人格权的性质及我国的立法选择[D]. 北京: 中国政法大学, 2012: 23.

权利说、私法性民事权利说、双重属性说。各种学说均有其合理性，笔者认为人格权具有宪法性权利和私法性权利的双重属性。理由如下：

1. 近代意义的人格权肇始于宪法

罗马法时代的人格具有浓厚的身份色彩，与近现代意义上的人格权相去甚远。人格权概念产生于近代的宪政运动，在1776年的美国《独立宣言》和1789年的法国《人权宣言》都有关于人权的规定。①从渊源角度，人格权首先是宪法性权利，否认人格权的宪法属性是不能成立的。

2. 宪法性权利不能涵盖所有人格权类型

人格权首先由宪法创制而非由民法创制，是由人格权的历史演变规律决定的，是由人类社会对人格权的本质、功能的认识过程决定的，是思想启蒙运动、人权运动和宪政制度共同作用的结果，同时也是由人格权与作为权利主体的自然人本身具有直接的重合因素决定的。②人格权的部分内容如人格尊严、人身自由、生命权、通信权、住宅权、休息权最早规定在宪法性文件中，而不是民法中。但宪法并没有规定姓名权、名称权、肖像权、名誉权、荣誉权、隐私权等，这些权利一般规定在各国或地区的民法典中。因此，人格权本质上是私法性权利，应当通过民法进行确认和全面规定。

3. 宪法性权利不适用于私人之间的侵害行为

宪法性公民权利只适用于政治社会中公民与国家机关，只能约束国家机关，对于市民社会中私人之间的侵害行为不能直接通过宪法主张赔偿。私人之间的人格权只能通过民法予以规定，维持市民社会的秩序。正如宪法中也规定了财产权，③但私人之间侵害财产权的行为适用民法中的物权、债权等财产权的规定，财产权并不丧失其私权属性。尽管人格权不是首先由民法规定，但是人格权的本质属性仍然以私权为主。如果民事主体的人格权仅由宪

① 参见美国《独立宣言》规定："我们认为下面这些真理是不言而喻的：人人生而平等，造物主赋予他们若干不可剥夺的权利，包括生命权、自由权和追求幸福的权利。"法国《人权宣言》在序言中第2条明确规定："任何政治结合的目的都在于保存人的自然的和不可动摇的权利，这些权利就是自由、财产、安全和反抗压迫。"

② 刘凯湘. 人格权的宪法意义与民法表述[J]. 社会科学战线, 2012 (2) .

③ 《中华人民共和国宪法》第13条第2款规定："国家依照法律规定保护公民的私有财产权和继承权。"

法规定，则仅能得以预防和对抗政治国家和公权力，仅能规范国家机关行使公权力的行为以防止其侵害公民的人格权，而无法面对更多、更经常、更普遍的"私对私"的侵害。①

4. 确认人格权的私权属性有利于救济人格侵害行为

大陆法系其他国家之所以没有规定人格权，因为这些国家有宪法诉讼制度，能对侵害人格法益的行为依据宪法主张权利。我国则不然，因为我国缺乏宪法诉讼，宪法权利没有可救济性。同时，宪法规范仅是原则性规定，不能直接适用于裁判活动。例如，1999年山东"齐玉苓"案最后没有通过宪法教育权对受害人进行救济。正如冒领他人存款的侵权行为所侵犯的客体，不是该他人依据宪法所享有的财产权，而是该他人依据与银行之间储蓄合同所享有的债权性权益。②

因此，人格权肇始于宪法，其首先是一种宪法性权利；另外，人格权的本质是一种私权，对私人之间的侵害行为进行救济。因此，人格权具有宪法性权利和私法性权利的双重属性，并且应由私法进行全面规定，包括人格权的名称、内容、效力、行使方式、受侵害情形、救济方式及类型化人格权。

二、一般人格权的证伪

（一）一般人格权性质阐释

对人格权进行追本溯源的研究，我们可以发现，无论在立法、司法实践还是在理论研究的历史轨迹中，都只能得到人格权的概念，而不能再次得出一般人格权的结论。也就是说，在一般人格权概念已为众多国内外学者所提出、接受并广泛使用、学界对一般人格权理论研究进行得如火如荼、司法实践中也反复使用一般人格权概念的背景下，我们突然发现，一般人格权就其产生基础而言，是不能被"还原"的一项权利。说到底，一般人格权作为一个权利概念，无法在立法上、司法实践和理论研究中回归其得以产生的基础。一般人格权实质就是被"误读"的人格权。

---

① 刘凯湘. 人格权的宪法意义与民法表述[J]. 社会科学战线, 2012 (2) .

② 梁慧星. 最高法院关于侵犯受教育权案的法释[2001] 25 号批复评析[M]. //梁慧星. 梁慧星文选. 北京:法律出版社, 2003: 636.

从语言学角度，当表述一个事物总称时，一般情况下不以"一般"来表述。在汉语中，"一般"总是作为个别、特殊或具体的对立面。"一般"与"个别""特殊"或"具体"的总和才是整体。沿着这一思路，再从立法惯例、立法技术考虑，没有任何一项权利的总称会采用"一般"来表述。

追溯一般人格权概念得以产生的理论和司法实践，可以进一步印证"一般人格权"就是"人格权"的说法。基尔克在《德国私法》（1895年）一书中将一般人格权理解为："作为一项统一的主观基本权利，所有的个别主观权利都以此为基础而产生，并且所有的主观权利可以此为出发点得到延伸。"笔者认为，"一项""统一""主观""基本"都是对权利的修饰。同样，前述被后世学者认为创造了一般人格权概念的帝国最高法院的判决（1954年"读者来信案"）对一般人格权作了如下表述："一项一般的、主观的人格权……"显然，这一表述的核心概念是人格权，而"一项""一般的""主观的"是对人格权的修饰。上述理论研究与司法实践中对人格权的表述和修饰基本一致。事实上，帝国最高法院在判决中采纳的就是基尔克的观点。这也是为什么后来的学者将帝国最高法院的判决中所确认的人格权称为一般人格权的原因。

我国学者冉克平认为：由于德国法上并不存在人格权这一概念，为了表示人格权的结构形式，创设与具体人格权相对应的一般人格权的概念，尚有存在的基础和意义。① 可见，在德国人格权逻辑体系内，一般人格权概念的创设，是作为多项具体的"人格权"集合体的权利总称提出的，而不是作为与具体人格权相对应的概念提出的。这与我国理论界已经接受并广泛使用的"人格权"的概念是同一的。《德国民法典》颁布实施至今，德国似乎并没有面临人格权保护的困惑。德国民法理论也未曾出现人格权理论困惑。相反，德国的人格权保护已经形成完善的保护体系和程序规则，一直走在世界的前列。究其根源，德国没有提出或试图发展所谓的一般人格权理论，而移植、借鉴德国人格权理论的国家（尤其是中国）在学习、引入人格权理论时，完

---

① 冉克平. 一般人格权理论的反思与我国人格权立法[J]. 法学, 2009 (8) .

全歪曲了德国的人格权理论，错误地翻译、使用或创作了"一般人格权"的概念。对此，北京大学薛军教授认为："不管是由于误读还是由于不了解，我们所习以使用的术语'具体人格权'和'一般人格权'在西方的法学语境中具有一种很特殊的，并没有被我们所真正认识的内涵。在术语移译中出于汉语的语用习惯所选择的'具体——一般'这样的对偶修辞法，导致我们对这两个术语产生了望文生义的理解：认为这二者是具体与一般的关系，可以相互并存而不存在冲突"① 基尔克是从各种不同个别人格权的研究中推导出一般人格权。将一般人格权理解为："作为一项统一的主观基本权利，所有的个别主观权利都以此为基础而产生，并且所有的主观权利可以此为出发点得到延伸。"帝国（德国）最高法院在创造一般人格权概念的"读者来信案"判决中作了如下论述："一项一般的、主观的人格权，是为现行的民法所排斥的。民法中只存在特别的、由成法所规制的人格权利……"这一论述与一般人格权理论的奠基者基尔克在《德国私法》（1895年）一书中对一般人格权的论述基本相同。作出上述判决的法官以及基尔克本人所表述的"一项一般的、主观的人格权"就是人格权，因为当时《德国民法典》确实没有对人格权保护的一般性规定。被后世学者认为创造了一般人格权概念的帝国最高法院的判决中所表述的"一项一般的、主观的人格权……"核心概念是人格权，而"一项""一般的""主观的"是对人格权的修饰。这一表述的根本含义在于一般的、抽象的、概括的人格权，实质就是指人格权的总体。②

《法国民法典》第16条规定："法律确保人的首要地位，禁止任何侵犯人之尊严的行为，并且保证每一个人自生命一开始即受到尊重。"《瑞士民法典》第27条规定："（1）任何人不得全部或部分地放弃权利能力及行为能力。（2）任何人不得让与其自由，或在限制行使自由时损害法律及道德。"《日本民法典》第1条之二规定："对于本法，应以个人尊严及两性实质的平等为主旨而予以解释。"我国台湾地区"民法典"第16条规定："权利能力及行为能力不得抛弃。"第17条规定："自由不得抛弃。自由之限制，以不背于公

---

① 薛军. 人格权的两种基本理论模式与中国的人格权立法[J]. 法商研究, 2004 (4) .
② 姜新东. 人格权的理念与制度构建[D]. 济南: 山东大学, 2012.

共秩序或善良风俗为限。"以上列举均为学者认同的一般人格权的立法条款，然而从条文上可以看出没有任何一国立法出现"一般人格权"一样的词语。①

尹田先生就曾质疑：既然对所有权和他物权进行归纳抽象产生的概念是"物权"而非"一般物权"，那么对各具体人格权归纳抽象形成的应该是"人格权"而非"一般人格权"。②因此，所谓"一般人格权"其实就是人格权。一般人格权绝非人格权体系内一项独立的民事权利，原因如下。

首先，一般人格权不具备作为一项独立民事权利的内涵与外延。

如果说一般人格权是一种不同于人格权、具体人格权的权利，该权利必须借助人格权、具体人格权方能界定其内涵，被认知的所谓一般人格权和人格权、具体人格权相比，在精神实质上是一致的，即一般人格权的内涵与具体人格权、人格权在内涵上并无本质差异。而在外延上，通说认为，一般人格权是具体人格权之外未知的或未被理论界、立法者或司法实践把握的范畴，是将人格权中未知领域从人格权中划分出来予以单独规范。但伴随社会发展和人类认知水平的提高，人类对人格权的认知范围会不断扩大。从这个意义上说，一般人格权和具体人格权的界限是流动的。一般人格权并非特指或具体指向任何具体的民事权利。所以说，一般人格权的外延永远是不确定的和未知的。

即使仍然坚守当前条件下一般人格权和具体人格权的界限，我们可以发现，从规范权利的角度考虑，进行这样的区分是没有任何意义的。更重要的是，赋予在内涵和外延上完全不确定的事物一个法律概念，同样没有任何意义。反之，如果我们完全掌控了一般人格权的内涵与外延，一般人格权便完成了它的历史使命，成为一项特定的具体人格权。从这个意义上说，一般人格权的归宿就是走向消亡。对这样一个一旦被认知便走向消亡的概念和范畴予以规定是没有任何意义的。

其次，一般人格权是一个没有得到立法确认的权利。

按照国内学者观点，一般人格权理论最早产生于20世纪德国的司法实践。而后伴随着《瑞士民法典》的出台取得突破。但无论是《德国民法典》

---

① 李岩. 民事法益研究[D]. 长春: 吉林大学, 2007.
② 尹田. 论人格权独立成编的理论漏洞[J]. 法学, 2007 (5) 9.

还是《瑞士民法典》都没有使用"一般人格权"的概念。截至目前,"在立法上,即使出现保护一般个人权益的意图,但尚未有国家出现一般人格权这种表达",①也就是说,世界上任何一个国家立法均都没有确认一般人格权的概念。

最后,一般人格权有权利之名而无权利之实。

按照我国学者的观点,"一般人格权这个概念,并不具有'权利'这一概念通常所具有的规范性的内涵,而只是一个描述性的指称:它是一个被叫作'权利',但实际上并不被当作'权利'来对待的东西。"②我国一般人格权概念来源于德国,但我国人格权理论中所探讨的一般人格权,却不是德国民法意义上的"其他权利"和"框架权",德国学者也认为一般人格权并非权利。

要明确一般人格权的实质,必须从一般人格权的创制国——德国入手,考察其侵权责任法的法律结构。德国侵权法出于保护行为自由、限制侵权责任的考虑,采取的是封闭列举式的侵权行为结构。《德国民法典》规定了3个小概括条款,第823条第1款中"生命、身体、健康、自由、所有权、其他权利"6类对象由过错责任提供"无隙"保护,其他对象则仅能在第823条第2款"违反保护他人的法规"或第826条"故意违反善良风俗加害于他人"中寻找保护的途径。从民法典的表述看,"其他权利"的内涵和外延是模糊的。"该概念单纯从语言上说是非常模糊和宽泛的,但它实际上需要限缩解释……因为如果人们把一切受法律保护的利益都作为'其他权利'来理解,则(其他权利)与生命、健康和所有权这些已被命名的法益和权利的相似性就会丧失,进而在事实上沦为那个'大的'概括条款(指法国一般侵权行为条款模式。——笔者注),这与民法典第823条以下的体系是不相容的"。③

德国学者对"其他权利"提出了"归属效能""排除效能""社会典型公开性"三项判断标准,即一项保护客体必须具备清晰确定的利益内容、必须

———————

① 梁笑准. 论一般人格权[J]. 安阳工学院学报, 2009 (3).

② 薛军. 揭开"一般人格权"的面纱——兼论比较法研究中的体系意识[J]. 比较法研究, 2008 (5).

③ 拉伦茨,卡纳里斯 (Larenz/Canaris) .债法教科书 (Lehrbuch des Schuldrechts) . Band Ⅱ: Besonderer Teil, Halbband 2, 13. Aufl., Verlag C. H. Beck, München 1994, S. 392.参见于飞.论德国侵权法中的"框架权"[J].比较法研究, 2012 (2).

能够排除一切他人之非法干涉、必须能够让社会一般主体有识别保护客体的一般可能性。①德国通说认为满足以上标准的其他权利，包括限制物权、期待权、先占权、占有、无形财产权等。②

　　随着工业经济的飞速发展，人格法益被侵害的现象越来越严重，德国侵权法价值理念不得不从传统的保护行为自由优先演变为损害填补优先。随之而来的问题是德国封闭式侵权行为结构不利于人格法益的全面保护，因此法官在面临不断涌现的新型人格法益不得不采取变通方法，即创制一般人格权，并作为《德国民法典》第823条第1款规定的"其他权利"，以保持原有的侵权法体系。而事实上，一般人格权没有确定的内涵与外延，德国法官只能通过判例总结典型的应受保护的人格法益，并且在具体的案件中只能通过利益衡量的个案判断方法来确定应受保护的人格法益。从上面的分析可知，所谓的"其他权利"必须具备"归属效能""排除效能""社会典型公开性"三项判断标准，而一般人格权则不能满足这三项标准。因为一般人格权不具备清晰确定的利益内容，也不能排除一切他人的非法干涉，无法让社会一般主体有识别保护客体的一般可能性。因此，一般人格权本身并不属于"其他权利"的范畴，在个案中一般人格权所代表的人格权或人格法益才是德国司法实践所确认的其他权利。

　　那么，一般人格权究竟是怎样的一种"权利"呢？这个问题被德国学者们最终通过"框架权"概念的创制而得以解决。"框架权"这一概念最早由菲肯切尔（Fickencher）教授提出，他对框架权有如下描述："有一些法律地位，它们被归属于确定主体的权利范围，但却不像前述绝对权具有确定易辨的清晰性，而是显示出某种模糊性。虽然客观法赋予了它们明确的地位，但它们并不能原则上排除他人的一切侵害。人们可以将这些法律地位称为框架

①　拉伦茨, 卡纳里斯 (Larenz/Canaris) .债法教科书 (Lehrbuch des Schuldrechts) . Band Ⅱ: Besonderer Teil, Halbband 2, 13. Aufl., Verlag C. H. Beck, München 1994, S. 392.参见于飞.论德国侵权法中的"框架权"[J].比较法研究, 2012 (2) .

②　Vgl. 慕尼黑民法典评论 (München Kommentar zum Bürgerlichen Gesetzbuch) , Band 5, Schulrecht · Besonderer Teil Ⅲ, 5. Auflage， Verlag C. H. Beck, München 2009, S. 1804ff. 参见于飞.论德国侵权法中的"框架权"[J].比较法研究, 2012 (2) .

权，从而与那些绝对受保护的法益相区分。"框架权不同于第823条第1款规定的"生命、身体、健康、自由、所有权"，表现为：第一，这五项权益适用"结果违法性"，即只要造成损害后果即视为行为违法，而框架权则采用"积极确定违法性"的方法。按照德国侵权法的理论，如果产生了损害《民法典》第823条第1款所列举的这五项法益的结果，即符合侵权行为的事实要件。例如，杀人的事实即指示出杀人行为的违法性，只有当具有诸如正当防卫、紧急避险这样的阻却违法性的事由时，才可使行为人免于承担侵权责任。但这却不适用于一般人格权这一"框架权"。具体以"一般人格权"为例，一旦其性质被确定为所谓的"框架权"，那么就意味着只有损害一般人格权的客观事实，并不能够自动指示出损害行为具有违法性，要进一步判断该损害行为是否具有违法性，必须采用法益衡量的方法，换言之，必须通过考虑个案的具体情况来确定一般人格权的保护在该案件中可以达到的范围。①第二，这五项权利有确切的含义，在实践中可以直接判断出是否侵权，而框架权需要在个案中进行利益衡量。一般人格权易于与他人的正当利益发生冲突。如果不对他人的人格领域施加影响，以交互作用与密切联系为特征的社会共同生活根本不可能存在，从而实现自己的人格必然会直接地对他人的人格发生持续的妨碍。②侵害一般人格权的行为被判定具有违法性的概率要小得多，从而无法采用"结果违法性"判断模式。

以上的论证主要解决框架权不同于生命、身体、健康、自由、所有权等绝对权，那么框架权是一种相对权吗？典型的相对权是债权，债权是指权利人对特定的人享有请求为或不为一定行为的权利，它具有确定的内涵和外延。因此，框架权与权利的最大区别是：权利具有确定的外延与内涵，而框架权具有高度的抽象性和原则性，没有确定的构成要件。如果框架权不是一种权利，那么它的性质究竟是什么呢？德国法学家拉伦茨指出："现行侵权责任法自民法典制定以来最大的变化，便是承认一般人格权是第823条第1

---

① [德]迪特尔·梅迪库斯. 德国民法总论[M]. 邵建东译. 北京: 法律出版社, 2000: 64.

② Larenz / Canaris, Lehrbuchdes Schuldrechts, Bd. /2, 13Auf.1, C. H. Beck sche Verlags buchhandl ung, 1994, S. 491.

款中的其他的权利。从语言上看，一般人格权显然是可以涵摄在这一概念下的。但是从技术和系统上看，它却不符合民法典最初的概念的。因为它缺少两样东西：一是社会典型的公示性，二是它的很多形式和他人的一般人格权相冲突，因而，使得人与人之间的交流和沟通变得不可能。"① 由此可见，德国学者自己也认为一般人格权并非权利。

（二）一般人格权学理考察

1. 一般人格权理论溯源

有学者认为，一般人格权理论奠基者为德国学者基尔克（Gierke）。在其代表作《德国私法》（1895年）一书中，基尔克对人格权作了详尽、系统的论述。基尔克认为，作为一项统一的、主观基本权利，所有的个别主观权利都以此为基础产生，并且可以以此为出发点得到延伸。可见，在基尔克的观念中，一般人格权是作为权利总称而提出的，并且这一权利可以衍生和覆盖个别的、具体的主观权利。这就产生一个具体问题，即一般人格权作为一个法律概念或权利概念引入我国时，应该如何对这一概念或权利进行翻译和命名。毫无疑问，如果一般人格权作为权利总称，并且具有衍生和覆盖个别的、具体的权利的功能，在汉语习惯和语境下，应该将其命名为人格权，而不是一般人格权。笔者认为，这一观点也可以在基尔克《德国私法》一书的结构设置上得到解释与印证。《德国私法》中的"人法"部分在分别论述了"个别人格权""团体人格权"之后，另辟一章专论"人格权"。同时，基尔克特别将为数众多的各种个别人格权都罗列到了一个共同的目录之下，包括身体权、生命权、名誉权、专利权、著作权、姓名权和个人形象权。我国学者张红认为：人格权专章是在"个别人格权""团体人格权"论述基础上的综合和升华，当然也是人格权内部理论体系的重新整合。从《德国私法》一书的结构体系及基尔克本人的观点中，可以得出以下结论：第一，包括身体权、生命权等在内的具体人格权，都是人格权总目录之下的下位权利。第二，一般人格权是基尔克从各种不同个别人格权的研究中推导出来的，应该

---

① Larenz/Canaris，Lehrbuehdes Sehuldreehts，S.491.

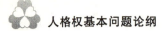

是一类权利的总称。第三，一般人格权是一项统一的主观基本权利，所有的个别主观权利都以此为基础而产生，并且所有的主观权利可以此为出发点得到延伸。综合以上三点，似乎可以得出一个最终的结论：一般人格权就是人格权，是多项具体的人格权的总称。

2. 一般人格权域外考察

日本学界和司法界均没有使用一般人格权的概念，甚至，具体人格权也不是日本人格权体系中的一个法律概念。相反，人格权在日本学界已经得到充分关注，在理论研究中被学界广泛使用。上智大学加藤雅信教授认为：人格权仍然是一个外延没有被明确界定的开放性概念，是处于生成途中的一种权利。

奥地利学者及司法机关均对一般人格权持否定态度，而只承认具体人格权。彼得·彼德林斯基（Peter Bydlinski）认为：存在一整束不同的人格权，并不存在一个"一般人格权"。

法国格勒诺布尔大学 Jean—Michel Bruguiere 教授认为：人格权"家族"既包括现实中的，也包括理想中的，但人格权概念是缺失的；人格权家族是分裂的，有必要设立一个协调的体系。

1967年德国学者卡尔·拉伦茨在《德国民法通论》一书中指出："一般人格权概念即使在德国民法理论上，也一直存在激烈争议。"[①]

从上述各国司法机关的态度及学界主流观点中可以得出以下两个结论：一是一般人格权不是一个被严格界定并普遍使用的法律概念，甚至已经为学界、司法界明确排除；二是人格权概念是这一权利体系的大范畴，是一个外延没有被明确界定的开放性概念，不仅包含现实中的各项具体的"人格权"，也包括理想中的、未来可能出现的新型"人格权"。

3. 一般人格权国内考察

在我国民法学界，"一般人格权"已是一个耳熟能详的概念。一些学者认为，"一般人格权"是与"具体人格权"（或特别人格权）相区分的人格权的种概念，尽管对其客体认识不一，但其作为人格权的一种类型似乎已成通

---

① [德]卡尔·拉伦茨. 德国民法通论（上册）[M]. 王晓晔，等译. 北京: 法律出版社，2003: 171.

说。① 在民法典制定的背景下，人格权法是否独立成篇仍然是理论界争论的焦点问题之一，"但没有人否认我国民法确立了一般人格权"。② 在未来中国民法典中，对一般人格权作出明确规定的主张，一度曾经占据学界的主导地位。但不可否认的是，反对"一般人格权"的声音从来就没有停止过，尤其近一两年以来，我国理论界已有众多国内知名学者公开质疑"一般人格权"，否定"一般人格权"的制度设计，甚至主张不接受或不再使用或废除"一般人格权"概念。理论界的倒戈，促使我们不得不重新审视"一般人格权"这一舶来的法律概念。

我国第一个使用一般人格权概念的著名法学家谢怀栻先生早在1996年就已经提出："关于人格权，常常讲到个别人格权（特殊人格权）和一般人格权，这是德国民法中，特别在德国判例中使用的说法。这种说法说明的是德国人格权的发展，并不能作为我们讲人格权时对人格权的分类。所以我们不要这两个概念。""一般人格权不是权利分类意义上的概念。"③ 近两三年来，对一般人格权提出质疑的国内学者越来越多，具有代表性的观点如下。如北京大学尹田教授提出："一般人格权的标的为自然人的全部人格利益，其产生的原因和存在的必要性在于民法典缺少人格保护的一般性条款，故其并非是对特别人格权及其他应受保护的人格利益的抽象概括。在我国民法典设置人格权保护一般条款的条件下，应当废除一般人格权的概念。"④ 北京大学薛军教授认为："中国民法理论关于一般人格权的种种立法构想，在很大程度上建立在对这一概念的错误理解的基础之上。"如果对一般人格权进行正确诠释，就会发现一般人格权在性质上属于一个一般性条款，与权利有着本质区别。德国引入一般人格权概念有其深刻的理论背景，但是在我国并没有一般人格权概念产生的语境和渊源，因此，应当深入分析一般人格权概念的存在是否合理。一般人格权这个概念，并不具有权利这一概念通常所具有的规

---

① 温世扬. 略论人格权的类型体系[J]. 现代法学, 2012 (7) .

② 杨立新, 刘召成. 抽象人格权与人格权体系之构建[J]. 法学研究, 2011 (1) .

③ 谢怀栻. 论民事权利体系[J]. 法学研究, 1996 (2) .

④ 尹田. 论人格权概括保护的立法模式——"一般人格权"概念的废除[J]. 河南省政法管理干部学院学报, 2011 (1) .

范性的内涵，而只是一个描述性的指称: 它是一个被叫作权利，但实际上并不被当作权利来对待的东西。①清华大学马俊驹教授提出: 一般人格权是人格权理论中最为特殊的一种"权利"，它的存在，给学界带来了更多的争议与混乱，为完善人格权体系，未来我国民法典不宜采用"一般人格权"概念。②武汉大学温世扬教授认为: 一般人格权与具体人格权之间并不存在相容共存关系，我国人格权法不宜采用这一概念。基于概念和法律体系的通盘考量，一般人格权的概念应为我国人格权立法所排除。③中国政法大学易军教授提出: 在外延上，一般人格权的概念与具体人格权、人格权等概念存在着逻辑上的矛盾之处。在人格权的设定上采取法定主义，即使认为该模式有所僵化而必须加以克服，也可诉诸设立人格权一般规定的方式或保护其他人格法益的概念表述方式，大可不必采纳一般人格权这一制度。④华中科技大学冉克平教授认为: 我国的人格权理论在广泛接受人格权的概念之后，已没有必要再采纳一般人格权的概念，否则会造成人格权、一般人格权与具体人格权之间逻辑与概念的混乱。⑤值得一提的是，我国最早对一般人格权作出详细论述的中国人民大学杨立新教授最近也撰文提出: "我国现有的一般人格权制度与具体人格权存在矛盾，与人格权概念存在矛盾……"⑥综观上述国内学者的诸多观点，可以发现: 一般人格权概念和理论在我国理论界已经受到广泛的质疑，对一般人格权理论的质疑之声及废除一般人格权概念的呼声已经不绝于耳。

4. 一般人格权立法考察

依通说，《德国民法典》第823条及《瑞士民法典》第28条被认为是一般人格权概念的立法基础。

《德国民法典》第823条第1款规定: "因故意或者有过失地不法侵害他人

---

① 薛军. 揭开"一般人格权"的面纱——兼论比较法研究中的体系意识[J]. 比较法研究, 2008 (5) .

② 马俊驹, 王恒. 未来我国民法典不宜采用"一般人格权"概念[J]. 河北法学, 2012 (8) .

③ 温世扬. 略论人格权的类型体系[J]. 现代法学, 2012 (7) .

④ 易军. 论人格权法定——一般人格权与侵权责任构成[J]. 法学, 2011 (8) .

⑤ 冉克平. 一般人格权理论的反思与我国人格权立法[J]. 法学, 2009 (8) .

⑥ 杨立新, 刘召成. 抽象人格权与人格权体系之构建[J]. 法学研究, 2011 (1) .

生命、身体、健康、自由、所有权或者其他权利，负有向该他人赔偿因此而发生的损害的义务。"立法者在法典中并没有使用"一般人格权"的概念。德国司法行政部在1967年的《损害赔偿法修正草案》中，曾拟修改《德国民法典》第823条第1款，并将该条款表述为："因故意或过失，不法侵害他人之生命、身体、健康、自由或名誉，或以其他方法侵害他人人格者，对该他人因此所生之损害，负赔偿责任。因故意或过失，不法侵害他人之所有权或其他权利者亦同。"但这一修改意向同样没有使用"一般人格权"的概念。历经多年的发展和演变，尽管德国理论与实务界对一般人格权制度的功能、价值、规则和体系的概括和凝练，均已达成了相当程度的共识，但仍然没有在立法上将"一般人格权"确定为一种权利概念和类型。截至目前，一般人格权仍然不是德国民法学界广泛认可的法律概念。

《瑞士民法典》在开篇的"自然人"一章"人格法"一节中，单独规定了"人格的保护"。该法典第28条第1款规定："任何人在其人格遭受侵害时，可以诉请排除侵害"立法者在法典中使用了"人格"的概念，一改先前其他法典中从未使用这一概括性概念的做法。对此，有学者认为，《瑞士民法典》旨在承认和确立一般人格权。笔者认为，该条只是有关人格保护的一般规定，并非确立了一般人格权制度，更没有使用"一般人格权"概念。

综上，当我们审视被我国学者认为一般人格权概念产生基础的法律条文，并不能得出一般人格权的结论。被我国学者认为是"一般人格权"立法基础的《德国民法典》第823条及《瑞士民法典》第28条，其本身就是对人格保护的"兜底条款"或"一般条款"。所谓的"一般人格权"的实质就是立法上需要保护的人格法益或理论上、司法实践中的人格权。两国家在立法上均没有使用一般人格权的概念，而代之以列举人格法益结合人格保护"兜底条款"或使用人格概念结合人格保护"一般条款"的做法。"严格来讲，即使在它的发源地也还没有得到民法规范层面的确认，它只表现在一系列的司法判决和对这些判决进行理论整理的法学家的论述中"。①

---

① 薛军. 人格权的两种基本理论模式与中国的人格权立法[J]. 法商研究, 2004 (4) .

《法国民法典》修正委员会接受了法国著名学者惹尼的观点，①将民法典草案第1编第1章的标题确定为"人格权"，其中第165条对人格权做出如下规定："对人格权施加的不法侵害，受害人有中止侵害请求权。"②虽然该草案因种种原因并没有最终获得通过，但从立法草案对人格权的规定和表述中可以看出，立法者对"人格权"概念的喜爱和认可，也倾向于将"人格权"作为这一权利类型的种概念，而忽视或回避"一般人格权"的概念。

我国台湾地区"民法"债编第195条规定："不法侵害他人之身体、健康、名誉、自由、信用、隐私、贞操，或不法侵害其他人格权益而情节重大者，被害人虽非财产上之损害，亦得请求赔偿相当之金额。其名誉被侵害者，并得请求回复名誉之适当处分。"

综上，各国民事立法，均没有使用"一般人格权"概念，人格权保护的兜底条款或一般条款，并非确认了"一般人格权"，而是提供了一个对人格权进行开放性保护的工具。因此，在民事权利的视角下，一般人格权实乃人格权；从立法角度考虑，一般人格权实质是一种立法技术的选择，是对人格权进行开放性保护的兜底条款或一般条款。

5. 一般人格权功能考察

王利明、杨立新等学者在其《侵权责任法》中主张一般人格权具有解释、创造、补充功能。之后，尹田在其早期论文中也对上述功能进行全新的解释。第一，解释功能。一般人格权确定了应受法律保护的人格法益之基本属性，即凡属人格所生之合法利益，均受法律保护。在对立法上所规定的特别人格权进行必要解释时，一般人格权便成为解释之标准。第二，创造功能。一般人格权制度存在的重要意义在于对特别人格权给予补充。特别人格权的保护范围有限，其保护范围外的人格法益可以得到一般人格权的保护，进而获得独立的地位，经过实践的进一步证实，这些人格法益就有可能通过立法进行确认，最后会形成新的特别人格权。一般人格权的创造功能有两个途径可以实现：一是司法裁判；二是经过民事单行法等法律规定上升到民法

---

① 1911年，惹尼提出：人格权这一权利类型正在形成之中。

② 冉克平. 一般人格权理论的反思与我国人格权立法[J]. 法学, 2009 (8) .

典中的特别人格权。第三，补充功能。具体而言，一般人格权可以对那些没有被特别人格权确认和保护的其他人格法益给予法律保护。其补充功能主要表现在两个方面：一是保护那些立法所疏漏的具有独立地位及表达清晰的人格法益；二是对一些具有一般人格权属性但是还未经过明确界定的人格利益给予法律保护。一般人格理论具有权利创设、解释各种新型人格利益、补充人格权制度不足以及利益平衡的功能。[①]"一般人格权制度作为全面切实保护人的价值和尊严而采取的法律技术性措施，具有法学方法论上的意义，是大陆法克服法典的封闭性、僵化性，为适应人类文化发展而增加法典弹性的制度设计，该制度的运作以一定程度地损害了法的安定性为成本，却取得了切实保护随文化发展依价值判断应予保护的新型人格利益和推动法律演进的收益。"[②]"一般人格权制度，实质上也可视为大陆法系反映建构理性主义的法典化传统对演进理性主义的吸收，是作为柔化法典刚性的技术手段。一般人格权制度的引入，在实现个案正义的同时，大量的个案累积，必然演进了法律，推动人格权制度发展。一般人格权制度授予了法官确定应予保护的人格利益的自由裁量权，使个案审理融入社会文化发展之中，法律更贴近生活。"[②]

事实上，所有的法律原则或一般条款基于其高度抽象性、概括性，都具有解释、创造和补充法律的功能。因而，对一般人格权功能的考察，恰恰能从另一个角度证明一般人格权的实质非权利，而是对人格法益进行全面保护的一般条款，正如王利明先生所说，"一般人格权由于其内涵不确定，为未来可能出现的新的人格利益的民法保护提供了进一步发展的空间。""采纳一般人格权，就意味着人格性质的法益的民法保护非常严密、全面，不会存在因为法律滞后于社会的发展而出现的法律漏洞。"[③]一般人格权不是一个权利，而是一个功能性的概念，"就是按其期待功能界定其意涵的概念"，[④]是为了给法官一个解释、创造、补充的依据，对生活中可能出现的新型人格法

① 王利明. 人格权法研究[M]. 北京: 中国人民大学出版社, 2005.

② 叶金强. 一般人格权制度初论[J]. 南京大学法律评论, 1999 : 186.

③ 王利明. 试论人格权的新发展[J]. 法商研究, 2006 (5) .

④ 黄茂荣. 法学方法与现代民法[M]. 北京: 法律出版社, 2007: 621.

益提供开放性的保护。

一般人格权的内涵和外延具有开放性、不确定性，行为人不能据此划定其行为界限，法官也只能依据个案中的利益衡量来判断其是否应受保护，并且只有利益被侵害后，当事人才可以事后主张，不能在事前向任何人主张自己的权益。因此，有学者认为一般人格权的本质就是关于人格法益保护的一般条款。从这个意义上，可以理解一般人格权的功能，即作为由人格法益到具体人格权的一个过渡，对还没有上升为具体人格权的非典型人格法益，如所谓的"亲吻权""祭奠权"，在利益衡量的基础上进行全面保护。一般人格权充当了将宪法应予保护的价值转变为民事权利"转换器"的功能。①

一般人格权概念是否能够被废除，还有一个至关重要的问题：那就是一般人格权无论作为一个概念、权利、制度还是理论，是否可以被代替？一般人格权的提出，一般人格权理论的本质和目的，无非就是为了满足人格权开放性保护的需求。一般人格权理论首先在司法实践领域诞生，在人格权理论诞生地德国也如此，在我国最早提出和关注一般人格权的也恰恰是两位法官。这都证明一般人格权不是立法问题，而是司法实践中权利（权益）保护问题。因此，可以说一般人格权制度是作为人格权的开放性保护制度出现的，是立法者的智慧与法官善解人意共同缔造的产物。从这个意义上说，一般人格权似乎可以作为人格权的开放性保护制度得以存在。但在我国，一般人格权概念的提出，引发了人格权理论及人格权保护中两个负面的，至今仍然没有得到解决的问题：一是作为权利概念的一般人格权造成了人格权体系内的逻辑矛盾，形成了人格权理论研究的困惑，不利于人格权理论的发展；二是一般人格权概念的提出，虽然是以实现人格权的一般性保护为目的，但实际上并未完全满足人格权的开放性保护需求。所以，上述问题的答案显而易见，通过人格权保护的"一般条款"或"兜底条款"之立法技术，完全可以实现人格权开放性保护的需求。一般人格权无论作为权利概念，还是作为法律概念，完全可以被人格权代替和吸收。

---

① 马俊驹.关于人格权问题的讨论[EB/OL].2012-09-27.http://www.civillaw.com.cn/wqf/weizhang.asp?id=37217.

虽然，一般人格权作为抽象概念有助于软化民法典的刚性。但只要有一般人格权存在，则当各种特殊人格权受到侵害之时，受害人都可以一般人格权受到侵害为由提起诉讼，这必将导致具体人格权向一般人格权的逃逸。

此外，一般人格权的功能可以完全被人格权法基本原则和一般条款所取代。如果具体的人格权之外的人格法益受到侵害，司法机关完全可以援引和适用人格保护一般条款和人格权法基本原则对受害人进行保护，不需要一般人格权。为避免人格权法的封闭性，运用一般条款或者人格权法基本原则的表述，仍然能保持人格权法的开放。

（三）一般人格权司法实践探究

通说认为，德国法院在"读者来信案"中创设了一般人格权。帝国（德国）最高法院在创造一般人格权概念的"读者来信案"判决中作了如下论述："一项一般的、主观的人格权，是为现行的民法所排斥的。民法中只存在特别的、由成文法所规制的人格权利……"如果说帝国法院的这一论述创设了一个新的制度，或确认了一个新的法律概念或权利概念，那这个概念应该是"人格权"而不是"一般人格权"。

但从德国一般人格权理论的发展中可以发现，该国将人格权的开放性保护问题交付司法实践处理。当然，这不是判例法意义上的司法实践，而是法官自由裁量权意义上的司法实践。综合考量德国法官以判决形式确认和保护人格权的个案，均是出于对一项具体的人格法益或一项具体的人格权的保护需求，基于《德国民法典》第823条之规定，本着德国基本法第1条和第2条的精神，通过发挥法官自由裁量权而进行的理论阐述，并非在个案中保护了一项叫作一般人格权的权利。判例中也根本没有使用一般人格权的概念，更没有将一般人格权作为一个权利概念进而阐释其内涵与范畴。

（四）一般人格权概念存废之争

多数学者指出应当保留一般人格权概念，他们认为"随着社会发展和公众人权观念的不断深入，众多新型人格法益不断出现，急需要得到法律的确认和保护。一般人格权作为一项框架性权利，它的存在会为新型人格法益确认为权利提供空间，并有助于开放性人格权立法体系的构建和人格权保护范围的不断扩大"。① 还有部分学者认为一般人格权已经成为我国人格权体系中不可或缺的一部分，要实现全面保护民事主体人格法益的目的，需将具体人格权和一般人格权的作用有效结合。此外，《最高人民法院关于确定民事侵权精神损害赔偿责任若干问题的解释》法释（2001）7号第1条已经明确确认了一般人格权。因此，将一般人格权制度纳入民法框架是全面保护民事主体人格法益的必然要求，也是民法学者的重要使命。②

但是，也有部分学者持反对观点。一种观点认为目前我国人格权理论体系已经采纳了人格权的概念，如果保留一般人格权的概念势必会使人格权、一般人格权、具体人格权之间产生概念和逻辑上的混乱。我国人格权立法应该采纳具体人格权结合人格权保护的"一般条款"这一结构形式，在规定相对完善的具体人格权的同时，通过人格权保护的"一般条款"保护尚未类型化的人格利益，以发挥"兜底条款"的功能，从而保持人格权的开放性。③另一种观点认为，如果人格权立法采取人格权保护"一般条款"的立法模式，当具体人格权范围之外的人格利益受到侵害时，司法实务可以直接引用该条款给予法律保护，而无须其他解决途径或者创设一般人格权。④ 有学者认为一般人格权是民法生出的宪法权利，由于其具有抽象性特征，因而不像具体人格权一样能够成为民法规定的权利样态，一般人格权与现有的人格权体系相抵触，因此我国民法不宜采用一般人格权概念。⑤ 有的德国学者直接宣布"不存在一般人格权"，理由是一个绝对权利仅是依附一个具体的权利客体才能存在。⑥ 我们在移植国外法中的概念时，一定要考虑该概念在该国产生的背景。一般人格权产生于德国，产生于没有人格权概念、具体人格权种类极少且欠缺一条侵权法上的一般条款的法律背景下。而我国法学理论承

---

① 王利明. 人格权制度在中国民法典中的地位[J]. 法学研究, 2003 (2) .

② 杨立新, 刘召成. 论作为抽象人格权的一般人格权[J]. 广东社会科学, 2010: 176-185.

③ 冉克平. 一般人格权理论的反思与我国人格权立法[J]. 法学, 2009 (8) .

④ 尹田. 论人格权概括保护的立法模式——"一般人格权"概念的废除[J]. 河南省政法管理干部学院学报, 2011 (1) .

⑤ 马俊驹, 王恒. 未来我国民法典不宜采用"一般人格权"概念[J]. 河北法学, 2012 (8) :16-27.

⑥ [德]卡尔·拉伦茨. 德国民法通论（上册）[M]. 王晓晔, 等译. 北京: 法律出版社, 2003: 171.

认人格权的概念，立法中有生命权、健康权、姓名权、名誉权、荣誉权、肖像权、隐私权、婚姻自主权等众多的具体人格权，《侵权责任法》第2条有关于人格法益全面保护的规定，因此我国不缺乏人格法益全面保护的请求权基础。我国已经接受了人格权的概念，如果再移植德国法中的一般人格权概念，只会造成逻辑上的矛盾。我国不存在德国一般人格权适用的背景，没有必要使用一般人格权的概念，在既有的法律体系下我们完全能够实现对人格法益的全面保护。

此外，我们移植国外法的概念时，还应当慎重考虑该概念在本国法律体系中的整合性。德国创设一般人格权概念后，又后续地创设了框架权的概念，目的是为了与侵权法的封闭列举型结构相协调。而我国侵权法采取开放的结构，没有区分权利与法益，对人格法益也进行全面的保护，而且框架权的概念在我国的法学理论中还没有被完全接纳，再者侵权行为的构成要件中究竟是否包含"违法性"要件，本身就存在争论。[①]普通民众会对框架权的概念更会望文生义，认为其是一种权利。司法者需要对一般人格权在具体的个案中进行利益权衡，这在无形中会加大法官的自由裁量权，这对我国司法者的业务素质是一个巨大的挑战。因此，在我国民法典制定的关键时期，立法者如果期望制定一部被广大民众所接受的良法，必须宏观考虑我国的法律体系及民众的接受程度。如果我们接受一般人格权概念，只会造成法律体系的混乱。

（五）一般人格权概念的摒弃

如前所述，一般人格权概念是德国民法发展所特有的产物，我国现有人格权体系并没有孕育一般人格权概念的制度基础和理论支撑。一般人格权概念研究、理论溯源及司法实践探究的结果，让我们发现一个值得理论界深入思考的现实问题：德国立法者通过《德国民法典》第823条第1款之规定，究竟是赋予了司法权一个严格限制范围的人格保护工具抑或此外还认可了一个一般人格权？[②]对这一问题的深入思考，使我们得出一个与学界传统观点

---

① 张新宝. 侵权责任法[M]. 北京: 中国人民大学出版社, 2006: 32, 33.
② 周云涛. 德国人格权发展阶段的历史考察[J]. 社会科学, 2010 (11) .

完全不同的结论：一般人格权并不是我们原来所想象的那样，是人格权理论中不可或缺的法律概念，是人格权权利体系的重要组成部分。就一般人格权概念的提出及原本所具有的含义而言，一般人格权是权利领域的概念和范畴，权利意义上的一般人格权作为一个法律概念被广泛使用。但一般人格权不是一个可以自我完结的法律概念和权利，是人格权理论的怪兽。一般人格权是被误读的人格权或统一的人格法益。无论在理论研究中还是在立法上、司法实践中，都不应使用一般人格权的概念。这既有利于消除人格权理论研究的困惑，推动人格权理论研究的发展，同时有利于构建科学、合理的人格权体系，解决人格权立法难题，实现对人格权的开放性保护。为达到理论研究的统一性，澄清理论研究中的误区，尤其是确保人格权体系的科学化合理化，一般人格权不应作为权利概念纳入人格权体系，也不应作为法律概念出现在人格权理论研究与司法实践中。具体理由如下：

1. 我国人格权体系不需要一般人格权概念

笔者拟从一般人格权概念的创立入手，分析人格权与一般人格权的关系，并最终证明一般人格权概念无须存在于人格权理论中。

1954年，德国联邦最高法院依据德国《基本法》的规定，确立了一般人格权概念，并指出"当今的基本法已经确认，人有权要求其尊严得到尊重，只要不损害其他人的权利并不违反道德规范，就有权要求自由地发展其人格，这作为一项私权，应当得到所有人的尊重。这些内容在基本法被确立后，一般人格权也就应当被视为由宪法予以保障的一项基本权利。"[①]德国联邦最高法院确立的一般人格权充分尊重了德国的国情和世情，具有较高的实际价值，它的出现进一步扩大了需要保护的人格法益范围，并将加强人格权的法律保护成为可能，在一定程度上有助于弥补法律对于人格法益保护的漏洞和不足。一般人格权属于"框架性权利"，并无明确界限。一般人格权概念的出现虽然从某种程度上促进德国民事立法和人格权保护的进度，但是由于这一概念没有明确的界限，在使用过程中产生以下两个问题：第一，一般

---

①[德]马克斯米利安·福克斯. 侵权责任法[M]. 齐晓琨译. 北京: 法律出版社, 2006: 51.

人格权的不确定性模糊了侵权行为违法性的判断标准。各种专门的人格权在内容、形式上都有明确的规定，因此根据《德国民法典》的相关规定就可以指出损害行为的违法性。但是，由于一般人格权本身的不确定性和模糊性，使得损害行为的违法性难以界定，这也使得人格权保护难以落实。要根据一般人格权概念界定损害行为的违法性，首先需要对个案中的法益进行权衡，进而确定一般人格权的保护范围，这就大大降低了一般人格权概念在保护人格法益方面的操作性，不利于人格法益的保护。实际上，"在二战以前，德国帝国法院拒绝承认一般人格权的决定性原因就在于：应受保护的人格领域在内容上与范围上具有不确定性和模糊性，它不具有客观载体。"①如果德国立法机关创立的是一系列专门的人格权，就可以克服损害行为的违法性难以界定的这一缺陷。但是，德国通过司法途径确定的一般人格权这一概念，由于其内容不能确定等缺陷的存在，使得人格权保护在司法实践中难以操作，从整体上削弱了法律对人格权的保护力度。第二，一般人格权概念的存在不利于法律安定性的实现。一般人格权概念范围的不周延性和内容的不确定性，给予使用者较大的调控空间，不利于维护法的安定性。只有严格明确人格权的内涵和外延，确定人格权保护的内容，才能保证公民的人格法益受到全面的法律保护。综上所述，德国民法上的一般人格权概念并没有周延的内涵和明确的界限，严格而言不符合权利的本质，并不能从实质上实现对人格权的法律保护。因此，一般人格权这一概念是否有必要存在于人格权理论中，还值得商榷。

人格权这一概念早被我国民事立法者和司法实务者所接受，目前已经形成人格权理论体系。但是，随着一般人格权和具体人格权这两个概念的出现，人格权理论体系受到了挑战，三者之间的关系也一度成为理论界和实务界争议的焦点。在德国民法中，一般人格权是相对于具体人格权而存在的，对于两者的关系，学者认为："一般人格权与特别人格权的关系可做如下概括：一般人格权作为任何人都应受到尊重的权利是所有人特别人格权的基

---

① [德]霍尔斯特·埃曼. 德国民法中的一般人格权制度[M]. 邵建东, 等译. //梁慧星. 民商法论丛（第23卷）. 香港：金桥文化出版公司, 2002: 416.

础，特别人格权是一般人格权的一部分，因此，从法律逻辑上说，一般人格权优先于特别人格权。"①在我国法学界，对于人格权、一般人格权与具体人格权三者之间的关系，学者各执己见。部分学者认为，一般人格权的标的是身体、健康、名誉、自由等全部人格利益，一般人格权具有高度概括性，也就是说一般人格权是法律采用高度概括的方式而赋予公民和法人享有的具有权利集合性特点的人格权。②按照此种观点，具体人格权与一般人格权之间是一种个别与一般、具体与抽象的关系。但是，根据以上观点可以得出，一般人格权保护的标的应是全部人格法益，这实际上也包含了全部具体人格权的标的，那么，一般人格权与具体人格权之间应当是包容关系，而不是个别与一般的关系。而且，"人格权，指关于人的价值与尊严的权利，性质上是一种母权，衍生出个别人格权"，③这体现出人格权与一般人格权在精神上的等同性，说明一般人格权跟人格权的标的是重合的，换言之，一般人格权与人格权这两个概念根本没有加以区分的必要。而我国早已接受并使用"人格权"这一概念，一般人格权概念的存在与我国既有的人格权理论体系相冲突。还有一部分学者认为，一般人格权保护的人格利益只包括《德国民法典》所列举的人格利益以外的其他人格利益，而不是全部人格利益。因此，一般人格权与该民法典所列举保护的各种具体人格权，是两种互不相容、互不隶属的权利类型，两者之间既不存在归纳抽象关系，亦不存在创设依据关系。④持该种观点的学者认为，一般人格权与具体人格权之间是平行关系，隶属于人格权这一上位概念。根据这种观点，人格权、一般人格权和具体人格权是可以共存的，但是持这种观点的学者对一般人格权和具体人格权之间关系的否认，是违背德国法上一般人格权概念产生的理论渊源的。如前文所述，德国法上将具体人格权认定为是一般人格权的部分内容，具体人格权是一般人格权的特别表现形式。可见，理论界将一般人格权概念引入我国，并

———————————

① [德]卡尔·拉伦茨. 德国民法通论（上册）[M]. 王晓晔，等译. 北京: 法律出版社, 2003: 173.

② 王利明. 人格权法研究[M]. 北京: 中国人民大学出版社, 2005: 160.

③ 王泽鉴. 侵权行为[M]. 北京: 北京大学出版社, 2009: 99.

④ 尹田. 论一般人格权[J]. 法律科学, 2002 (4).

没有深入洞察其背后的渊源和相关理论，人们在关注德国法上一般人格权概念的创设和积极影响之余，并没有认识到《德国民法典》创立一般人格权概念的历史背景，这也严重影响到对一般人格权概念的理解和运用。德国法基于基本法创立一般人格权这一概念，是为了区别民法典中明文列举的几种"特别人格权"，德国法上的一般人格权赋予"一般"特殊的含义，包括抽象的、基础的、整体的等，即德国法上一般人格权与具体人格权之间的关系并不是通常所理解的一般与个别的关系。因此，德国法上一般人格权这一概念的创立具有特殊的渊源和目的，其合理性和存在基础在于德国民法并不存在和使用"人格权"的概念。这与我国现有的人格权体系并不存在相关契合点。

综上所述，德国法上一般人格权概念有其存在的基础和意义，而我国作为各种具体的人格权之抽象的人格权已经存在，而且受到理论界和司法实务的广泛认可。因此，一般人格权这一概念没有必要存在于我国人格权体系之中。

2. 我国人格权理论研究、司法实践不需要一般人格权概念

正如谢怀栻先生所说"关于人格权，常常讲到个别人格权（特殊人格权）和一般人格权，这是德国民法中，特别是德国判例中使用的说法。这种说法说明的是德国人格权的发展，并不能作为讲人格权时对人格权的分类。所以，不要用这两个概念"。① 因此，在中国的语境中应当废除一般人格权概念。

人格权是具体人格权的抽象，正如财产权是物权、债权等具体财产权的抽象一样，如果"一般人格权"也是具体人格权的抽象，那么，"一般人格权"就是人格权。② 我国既有的各项人格权降低了一般人格权这一概念存在的必要性。从历史发展的角度看，一般人格权作为一项司法创举在德国出现，主要的原因是第二次世界大战后的德国法官们发现：民法典中所列举保护的人格权利类型十分有限；对一些非典型的人格利益又不能通过侵权责任法进行间接保护；寄希望于立法改变这一现状又显得十分遥远；同时《基本法》中所确定的人格保护原则亟需在司法活动中得到贯彻落实。③ 基于此，

---

① 谢怀栻. 论民事权利体系[J]. 法学研究, 1996 (2).

② 冉克平. 一般人格权理论的反思与我国人格权立法[J]. 法学, 2009 (8).

③ 邹丹. 论一般人格权的性质及我国的立法选择[D]. 北京: 中国政法大学, 2012.

一般人格权作为一种磨合社会需要和立法滞后之间关系的法律概念，在德国法上得以产生。由此可见，德国法上的一般人格权是司法实践的产物，德国走的是以单一的一般人格权来保护所有可能的人格法益的道路。纵观我国人格权司法保护的现状可以发现，我国已有众多专门人格权存在，如名誉权、隐私权、荣誉权、肖像权等，这些专门的人格权都具有特定的内涵和外延，而且这些特定类型人格法益的保护方式和救济途径在我国法律中也有明确规定。换言之，我国专门人格权保护方式的存在正是德国法创立一般人格权概念所要追寻的保护人格法益的途径，这也从一定程度上说明一般人格权概念在我国司法实践中没有存在的必要性。

3. 我国人格权立法中不需要一般人格权这一概念

如前文所述，德国法上的一般人格权概念有其特殊的含义、渊源、目的及历史背景，并不适合于任何立法体系。一般人格权概念纳入我国人格权立法，势必会造成我国既有的人格权体系出现逻辑矛盾，进而造成人格权理论的困惑。

第一，一般人格权制度是通过德国联邦最高法院的司法判例创设的，其目的就是为了弥补《德国民法典》关于特别人格权规定的数量不足与立法漏洞，其实质是法官通过司法途径与个案判断的方式保护人格利益。[①]但是，我国《民法通则》及相关司法解释已经对人格权保护进行了较为全面的规定，而且理论界对人格权的类型化保护也有非常详尽和完整的研究，即我国不存在一般人格权创立的背景和渊源，因此，民事立法中无须一般人格权这一概念的存在。

第二，一般人格权概念与我国现行立法模式相冲突。深入研究德国法上一般人格权的创立背景可知，一般人格权的确立与德国侵权法的立法模式密切相关。德国侵权法采取将权利和法益区分保护的立法模式，在此种情况下一般人格权的确可以将尚未类型化为具体人格权的、内容各异的人格性质的法益纳入侵权法保护的框架中，从而发挥"兜底条款"的功能。[②]但是，我国

---

① 冉克平. 一般人格权理论的反思与我国人格权立法[J]. 法学, 2009 (8) .

② 冉克平. 一般人格权理论的反思与我国人格权立法[J]. 法学, 2009 (8) .

侵权法采取的是抽象概括的立法模式，在这种立法模式下可以直接援引相关条款对还未类型化的人格法益加以保护，并不需要一般人格权这一概念的存在。

第三，一般人格权概念的存在无法保证我国民事立法的实践效果。我国民法理论现已广泛认可人格权这一概念，如果再采用一般人格权概念，则会引起民事立法混乱，难以形成科学规范的立法体系。此外，在立法上尽可能实现对人格法益的类型化保护，就是为了规范人格法益的司法保护途径，而一般人格权制度在立法上采取的是将立法导向的规范化的"类型化人格权"的保护与司法导向的非规范化的个案判断的保护相结合的结构形式。①

三、具体人格权概念辨析

具体人格权概念被广泛应用于我国人格权理论体系中，被很多学者视为是人格权保护体系中不可或缺的一个概念。学者们在与一般人格权相对的意义上将具体人格权概念界定为以具体人格法益为保护客体的、由法律具体给予列举的各项人格权。但是，关于具体人格法益，学术界并没有形成统一的观点。因此，学界对于具体人格权类型及其内容在认识上存有差异，从整体上无法证明具体人格权是一个法律概念。由此可知，具体人格权这一概念的界定及其内涵还是一个值得商榷的问题。目前，大多数国家都将人格法益的保护作为构建法律体系的重要目标，对具体人格权概念的不同理解是价值层面和法律技术层面差异性的直接体现，这也对各国人格法益法律保护体系之构建产生影响。我国早已接受并使用"人格权"概念，也得到司法实务和理论界的广泛认可，但是一般人格权概念和具体人格权概念的引入对我国人格权理论研究和立法构建产生严重影响，前文已阐述一般人格权概念无须存在于人格权体系中的理由，理当废除。因此，对具体人格权概念的合理性和不确定性问题进行辨析，是我国人格权立法背景下需要解决的重要问题。

（一）具体人格权概念的实质

人格权保护的发展史，经历了一个模糊与清晰、抽象与具体相互转化，

---

① 冉克平. 一般人格权理论的反思与我国人格权立法[J]. 法学,2009 (8) .

进而实现类型化保护的发展过程。古代成文法并未出现人格权这一概念，最早将健康、身体、生命列入法律所保护的人格法益的范围，逐渐从法律上对人格法益加以肯定并予以保护。近代以来，随着文艺复兴带来的文明浪潮，出现了"人文主义"这一时代诉求，血腥和暴力逐渐被人文主义所取代。随后，工业革命的兴起开拓了法学家的视野，人们开始关注名誉权、隐私权、性质主权等新型的人格权，以列举方式为存在形式、以列举结果为存在意义的"具体人格权"概念也被各国广泛应用，用以完善各国人格法益的法律保护体系。但是由于当时法律技术的影响，法律将各个具体人格权给予单独规定，因此并未形成系统化的具体人格权理论，具体人格权这一概念也未统领在人格权的名义之下。社会复杂性的增加和具体人格权数量的增多，对人格权保护形式和立法模式提出新的挑战。现代法逐渐采取将人格权类型化的保护模式，以期通过法律技术的运用和"类型化"的法律形式进一步规范和充实人格权立法体系。①

　　对人格法益的法律保护采取类型化模式固然是正确的，但是具体人格权这一概念存在的必要性受到一些学者的质疑。他们认为，实现人格权的类型化保护，只需将各项专门的人格权进行列举，无须将众多无法穷尽列举的人格权集中起来冠以"具体人格权"这一总称。这就关系到具体人格权概念的实质，即具体人格权本身所固有的特定属性。笔者认为，具体人格权是法学理论研究中出于指代需求而产生的概念，其根本仍然是通常意义上人格权的集合体。具体理由如下：第一，具体人格权概念的不合理性。具体人格权这一概念是相对于一般人格权概念而出现的，在德国民法中，"一般人格权与特别人格权的关系可做如下概括：一般人格权作为任何人都应受到尊重的权利是所有人特别人格权的基础，特别人格权是一般人格权的一部分，因此，从法律逻辑上说，一般人格权优先于特别人格权。"② 一些学者以此为根据，认为具体人格权就是与德国法上"一般人格权"概念相对应的概念，为具体人格权概念的本源寻找法律依据。但是，深入分析德国法的相关规定可以看

---

① 谌佳. 论具体人格权外延限制之抽象标准[J]. 中南财经政法大学研究生学报, 2012 (1) :133.

② [德]卡尔·拉伦茨. 德国民法通论（上册）[M]. 王晓晔, 等译. 北京: 法律出版社, 2003: 173.

出，"具体人格权"与德国法上"特别人格权"具有不同的内涵和外延，这两个概念并不能等同，这也说明具体人格权概念没有正当的渊源。第二，具体人格权概念的存在只是为了给予众多具体的人格权一个综合称呼，只是一个指代性概念。拉伦茨认为，德国民事法学今日的特征是一种独有的抽象概念及类型混合并存的情形。① 由于我国民法体系构建大多借鉴了德国法上的概念体系和理论建构，因此也存在相同情形。人格权是一个抽象概念，单纯利用此概念并不能把握其作用形态，这就为"具体人格权"概念的存在提供了理论基础。但是，纵观具体人格权这一概念的出现原因可以发现，其实质是为了方便于理论研究和民事立法，给予众多具体的人格权，如名誉权、隐私权、生命权等一个权利统称，具体人格权并不是一个权利概念，也不是一个严格意义上的法律概念，它只是一个众多具体的人格权的指代性称谓，具体内容包括生命权、健康权、名誉权、隐私权等。深入分析具体人格权的概念可以发现，具体人格权属于权利统称，其客体、内容是无法界定的。面对此种情形，理论界和审判实践为了保证法律适用的安定性和明确性，尽力列举各项具体人格法益，目的是给具体人格权的内容和客体勾勒出一个更为清晰的轮廓。各项具体人格权之间界限的模糊性体现出具体人格权内涵和外延的不确定性。实际上，《德国民法典》中规定的特别人格权跟我国引入的具体人格权概念并不具有同一性，由于具体人格法益本身无法穷尽，因而具体人格权并没有明确地界限客体，这也说明具体人格权这一概念的不确定性和模糊性。那么，一项内容和界限无法确定的权利，能够称为"权利"吗？权利是民法中的中心概念，民法以权利为本位。② 民事权利是指民事主体在法律规定的一定范围内享有并受法律保护的法益范围，其本质上是法律为保障民事主体的特定法益而采取的保障措施，体现了法律之力和特定法益之间的结合，权利的功能在于保障个人在法律规定的范围之内按照自己的意志为或者不为一定行为，进而促使某种法益之实现，使得个人能够自主决定、组织或形成其社会生活。总体而言，权利是主观化的法律，法律则为客观化的权

---

① [德]卡尔·拉伦茨. 法学方法论[M]. 陈爱娥译. 北京: 商务印书馆, 2003: 388.
② 冉克平. 一般人格权理论的反思与我国人格权立法[J]. 法学, 2009 (8) : 136.

利。① 由于法益是权利之核心，因此权利的保护范围是有界限的，并不是漫无边际的，由此，根据权利的本质可以得出，任何权利都有其明确的范围和清晰的界限。也就是说，任何一项权利都有其明确的内涵和外延及限制条件。

从法哲学角度来看，一个人的权利是其得到法律认可的可能行为的边界，它保证个人在现有的生产和交换关系基础上的独立、选择自由和物质与精神福利的享用。② 有学者指出，每一项法律权利都是由"核心"和"保护界"这两个层次构成，核心是权利主体所享有的选择，具有优越性，保护界是权利主体之外的其他人为权利主体的权利之实现所应履行的法律义务。关于权利的界限，可以从两个方面加以分析：一是立法时的界限，也就是说某一权利确立的应然性和必然性。例如，根据我国《物权法》的相关规定，用益物权作为物权的重要形态，其内容或界限是固定的，包括建设用地使用权、农村土地承包经营权、宅基地使用权和地役权。③ 这也说明在一个特定的时期内，权利的界限和内容应该是明晰的、确定的，不然将难以维护权利的安定性和正当性，无法促使权利之实现。二是在司法实践中，给予权利明确的界限有助于保障权利的有效保护。权利之行使有一个必要的限度和范围，一旦超出这个限度，就不再为法律所保护，甚至可能构成权利滥用，进而招致法律的禁止或制裁。由此可知，权利不得滥用这一原则适用的前提就是权利具有明确的界限，如果权利没有明确的界限，那么判断权利是否滥用就没有标准，这对权利保护是极为不利的。总之，权利界限作为被法概括出来的在现实生活中运行的范围，无论是在立法上，还是在司法实践中，都应该是确定的范围。②

如前文所述，具体人格权并没有明确的界限和内容。由此可知，具体人格权并不符合权利的实质，难以被认定为民事权利。具体人格权，只是众多具体的人格权的指代概念，并不具备民事权利的构成要件，具体人格权本身就是一种有权利之名，而无权利之实的概念。此外，在具体人格权的界定方面，我国学者主要采取客体加权能模式。根据客体加权能模式界定权利，需

① 王泽鉴. 民法总论[M]. 北京: 中国政法大学出版社, 2001: 85.

② 张文显. 法学基本范畴研究[M]. 北京: 中国政法大学出版社, 1997: 83.

③ 冉克平. 一般人格权理论的反思与我国人格权立法[J]. 法学, 2009 (8)：137.

以客体的确定为前提，针对不确定的客体而行使的法律之力，导致的结果是私权的内容无法确定。因此，没有确定的客体就无法按照这种标准建构权利。①具体人格权以具体人格法益为客体，而具体的人格法益目前并没有得到确认，这也说明在法律技术层面无法构建具体人格权这一"权利"。但如果将具体人格权的客体扩充至所有的人格法益，具体人格权就与人格权相重叠。这样的情形下，我国更应该选择人格权的概念而不是具体人格权的概念。

综上，具体人格权概念只是法律对人格权实现类型化保护情形下产生的指代性概念，是众多具体的人格权的综合称呼。具体人格权的内容和界限具有不确定性和模糊性，不具备民事权利的构成要件。因此，具体人格权难以被认定为民事权利。

（二）具体人格权概念存废之争

具体人格权，又称为特别人格权，是指法律具体列举的由公民或法人享有的各项人格权，如生命健康权、姓名权、肖像权、名誉权等。《法国民法典》和《德国民法典》对人格法益的保护就采取具体人格权的模式。具体人格权以某项具体的人格法益为标的，是对特定人格法益进行法律保护而将人格权类型化的产物，其主要内容包括健康权、身体权、自由权等。因特定人格利益保护特点与救济方式差异，法律对不同人格权利进行了差异性规定，将这种人格差异化的技术上升为理论，便构筑了具体人格权制度。②一些学者认为具体人格权概念的出现满足了人格法益保护的类型化的目的与要求，有其存在的合理性和必要性：在法学中，不能利用一个抽象的概念对各项权利实现类型化的保护。相较于具体人格权，人格权概念属于抽象概念。单单依凭人格权这一抽象概念，尚不足以清晰理解其意义脉络及相对具体和直接地把握其作用形态。③而"类型或者以此种方式，或者以彼种方式，或者同时以此种或彼种方式，较概念为具体"。④具体而言，类型化是抽象概念和个

---

① 沈剑锋.论具体人格权构建的一般方法[J]. 国家检察官学院学报. 2013 (4) : 159.
② 谌佳. 论具体人格权外延限制之抽象标准[J]. 中南财经政法大学研究生学报, 2012 (1) : 133.
③ 郑永宽. 人格权概念解析[D]. 北京: 中国政法大学, 2006: 74.
④ [德]卡尔·拉伦茨. 法学方法论[M]. 陈爱娥译. 北京: 商务印书馆, 2003: 388.

别权利之间的桥梁和纽带，具体人格权概念对于揭示人格权制度的内在形态具有重要作用。一方面，抽象化的人格权概念保证了法律的安定性，另一方面，类型化的权利保护模式有利于个案中司法公正的实现，即人格权的抽象性，决定了其类型化的必要性，而在其概念、原则、规范之间架设的类型的产物，就是具体人格权。① 该观点给予具体人格权概念较大的肯定价值。也有学者从具体人格权的功能出发，给予具体人格权概念存在的理由。他们认为，当我们将具体人格权归之于人格权概念外延之下，事实上也是对人格权概念类型化的产物，这些类型化的具体人格权，借助于相当的社会生活观念，可相对清晰地把握各个具体人格权的权利边界，从而亦可在很大程度上减少我们规避侵权的认知成本。② 基于以上理由，具体人格权概念具有较大的存在价值。但是，具体人格权概念的不确定性及其引发的诸多争论，使一些学者对具体人格权概念本身提出质疑。这部分学者认为，具体人格权概念作为人格权类型化保护模式的产物，在我国人格权理论中得到广泛应用。基于此，部分学者认为具体人格权概念只是众多具体的人格权的权利统称，在我国既有的人格权理论体系中无须具体人格权这一概念，即具体人格权在我国既有的人格权理论中并无存在价值。具体理由如下：

第一，具体人格权概念客体和内容的模糊性与不确定性不利于众多新型的人格权的界定。法学上的概念，其意义被设定为："概念所欲描述之对象的特征，已经被穷尽地列举。"③ 具体人格权作为一般人格权的相对应的一个概念，不是一项权利，而是众多专门的人格权的权利统称，并没有明确的内涵和外延，因此根本不能构成法学上的概念。法学的传统主义者认为法律概念必须明确肯定，如果难以清楚地界定某一特定概念内容的界限，那就不可能以明晰的概念来思考，现实对我们而言就会是朦胧的。④ 具体人格权以各项具体人格法益为保护客体，但是对什么是具体人格法益学术界并没有定论，

---

① 谌佳. 论具体人格权外延限制之抽象标准[J]. 中南财经政法大学研究生学报, 2012 (1) : 135.
② 郑永宽. 人格权概念解析[D]. 北京: 中国政法大学, 2006: 74.
③ 黄茂荣. 法学方法与现代民法[M]. 台北: 台湾大学法律学系法学丛书编辑委员会, 1987: 27.
④ 郑永宽. 人格权概念解析[D]. 北京: 中国政法大学, 2006: 18.

人们更多只是凭感觉和经验对具体人格法益进行列举，如名誉、隐私、自由、贞操等。这就导致具体的人格权之间界限混乱，容易出现权利之间交叉、混乱现象，使得具体人格权这一概念的内容和外延根本无法进行界定，这也说明具体人格权根本不符合法律概念的本质要求。"对一个特定主体来讲，基于其权利能力而归属于其的主观权利是通过法益的不同而得到区分的，换句话说，法益的本质指引着权利的内容。"①因此，具体人格权的存在就取决于"存在多个客体，并且这些客体可以归入到独立的、互相可以区分的法益中去。"②很明显，具体人格权无法界定和区分的客体不能满足其存在的条件，因此，具体人格权这一概念的存在不具备合理性。

目前理论界和司法实务中成熟且已类型化的具体的人格权主要有生命权、健康权、身体权、姓名权、肖像权、名誉权、隐私权等，这些具体的人格权均得到法律的保护。但是在民法理论和司法实践中，对一些新型权利是否可以确认为人格权一直存有争议，如生育权、基因权、荣誉权、信用权等，这都需要理论界和实务界对这些权利进行界定，进而使得公民的人格法益在一定范围内得到法律保护。如前文所述，学界将具体人格权概念界定为以具体人格法益为客体的人格权，但是对具体人格法益，学界鲜有阐述和界定，这就使得具体人格权内涵和客体具有模糊性。在承认具体人格权概念存在的前提下，由于具体人格权界限的模糊性和内涵的不确定性，根本无法界定某一权利是否具备具体人格权的构成要件，这样就缩小了人格法保护的范围，使得一些本应得到法律保护的人格法益无法得到切实保护，对全面保障公民人格权是极为不利的。这也说明"具体人格权"这一概念的存在并不能给予具体的人格权以全面的法律保护，其存在是有弊端的，在具体人格权模式下，人格权保护永远都存在法律漏洞。

第二，具体人格权的不确定性不利于侵权行为的违法性判断。"具体人格

① Georg Wronka, Das Verhltnis zwischen dem allgemeinen Persnlichkeitsrecht und den sogenannten besonderen Persnlichkeitsrechten, in UFITA, Band 69, 1973, S74.

② Georg Wronka, Das Verhltnis zwischen dem allgemeinen Persnlichkeitsrecht und den sogenannten besonderen Persnlichkeitsrechten, in UFITA, Band 69, 1973, S75.

权"概念本身并不确定，并不能判断出损害行为的违法性。如果运用具体人格权概念对侵权行为的违法性进行界定，首先要对利益和法益进行权衡，并以此在众多具体的人格权保护中确保法律保护的人格法益可以达到的范围。实际上，在司法实践中，在判断侵犯某一"具体人格权"行为是否存在违法性时，会直接根据法律对这个权利的适用规定进行，根据相关法律规定中列举法益的情况，就能够对损害行为有无违法性进行判断。例如，我国《民法通则》第119条规定："侵害公民身体造成伤害的，应当赔偿医疗费、因误工减少的收入、残废者生活补助费等费用；造成死亡的，并应当支付丧葬费、死者生前扶养的人必要的生活费等费用。"《妇女权益保障法》第38条规定："妇女的生命健康权不受侵犯。禁止溺、弃、残害女婴；禁止歧视、虐待生育女婴的妇女和不育的妇女；禁止用迷信、暴力等手段残害妇女；禁止虐待、遗弃病、残妇女和老年妇女。"这是法律界定的侵犯公民的生命健康权的违法性表现。这也说明司法实践中对某项具体的人格权的保护根本无须用到"具体人格权"这一概念，只要法律对某一项人格权有相关规定就可以直接适用，法律规定中根本没有"具体人格权"这一概念，即我国目前的人格权保护体系无须"具体人格权"这一概念。

第三，具体人格权在内容上的不确定性，危及法律的稳定性。具体人格权概念范围的模糊性给一些需要法律保护的人格法益的界定带来困难，同时也赋予司法实践和理论研究太多的自由界定的空间，这从整体上不利于维护法的稳定性。此外，只有在明确人格权权利的内涵和外延的前提下才可以确定权利保护的利益，具体人格权界限的模糊性使得具体的人格利益难以得到全面保护。①

第四，"人格权"概念的存在和众多具体的人格权降低了"具体人格权"这一概念存在的必要性。"人格权"属于抽象概念，人格权保护需要在司法实践中通过具体方式加以实现，即"具体人格权是法律针对特定人格利益的崛起而将人格权类型化的处理""因特定人格利益保护特点与救济方式差

---

① 冉克平. 一般人格权理论的反思与我国人格权立法[J]. 法学, 2009 (8)：138.

异，法律对不同人格权利进行了差异性规定，将这种人格差异化的技术上升为理论，便构筑了具体人格权制度。"这也是"具体人格权"这一概念的派生基础。但是实际上，具体人格权概念只是我国人格权理论研究中的一个指代性名词而已，并未对人格权保护体系构建产生实质性影响。而且，无论是在理论研究中还是司法实践中都是对各项具体的人格权加以研究和保护，并未涉及对"具体人格权"这一概念的专门研究，具体人格权概念只是作为众多具体的人格权的指代性概念而存在，即具体人格权概念的有无对我国人格权理论体系不会产生影响。

（三）具体人格权概念的废除

如前文所述，由于"具体人格权"这一概念的模糊性和不确定性，以及各项专门的人格权的存在，使得"具体人格权"这一概念在我国既有的人格权理论研究和司法实践中没有存在的必要性。单纯就理论研究而言，甚至仅仅出于"指代"的需求，也没有必要界定这样一个法律概念或权利概念。正如当我们界定了财产权的概念、物权的概念和债权的概念后，只需要就财产权、物权、债权分别研究、明确指称就可以了，没有必要再为物权、债权的集合体单独设定一个概念。一是因为财产权已经是物权、债权的集合体，正如人格权已经是生命权、健康权、名誉权……的集合体。二是如"物权、债权虽同属财产权，但二者具有完全独立的内涵和外延"一样，生命权、健康权、名誉权等，也分别具有各自独立的内涵和外延，没有必要放在一起去研究和界定。一些学者认为具体人格权更能促使人格权类型化保护的实现，实际上这一概念就是众多具体的人格权的总称，这一概念的去留对人格权保护根据不会产生任何影响。因此，具体人格权这一概念在人格权的司法实践中也是没有存在价值的。此外，随着人格权立法被提上议程，一些学者主张采取具体人格权结合一般人格权模式等立法形式作为我国人格权立法的选择，以期通过法律规定一系列典型的、具体的人格权，通过"权利"的路径实现对人格法益的保护。① 尽管有学者对此种立法模式存有质疑，但是在我国人

---

① 冉克平. 一般人格权理论的反思与我国人格权立法[J]. 法学, 2009 (8)：143.

格权理论中这种选择已经成为主流观点，这也为具体人格权概念在民事立法中的存在提供了机会。但是，笔者认为，在我国人格权立法中，应该采取"人格权保护一般条款+类型化"的立法模式，当然具体人格权概念也无须存在于人格权立法中，具体理由如下：第一，如前文所述，一般人格权制度是通过德国联邦最高法院的司法判例创设的，其目的就是为了弥补《德国民法典》关于特别人格权规定的数量不足与立法漏洞，其实质是法官通过司法途径与个案判断的方式保护人格利益。① 但是，我国并不具备这一前提和背景，因此人格权立法中引入一般人格权概念的可能性很小。第二，随着人格权理论研究的不断深入，目前我国人格权研究体系已经获得了丰富的学术成果，这为人格权立法体系的构建和完善提供了深厚的理论支撑。在具体的人格权的立法与理论研究已经比较完备的情况下，我国未来的人格权立法所规定的人格权种类必然会非常丰富，② 能够为人格权法独立成编奠定坚实的基础。由此，以一般人格权制度为基础构建具体人格权是没有必要的，人格权立法中无须"一般人格权"和"具体人格权"这两个概念的存在。第三，具体人格权由于没有明确的界限，难以被认定为民事权利。如前文所述，具体人格权并没有明确的界限和内容，不具备民事权利的构成要件，因此"具体人格权"并不是一个权利概念，从严格意义上来说也不属于一个法律概念。由此，人格权立法根本无须采纳具体人格权概念，此外，在立法上尽可能详尽地规定各项人格权的类型和范围，其目的就是为了保持人格权的相对稳定性，以避免通过司法路径保护人格利益的非规范化。③ 而具体人格权界限的模糊性根本无法保证一些应受到法律保护的人格法益纳入人格权保护范围，不能及时给予人格法益以全面的法律保护，这也再次证明具体人格权概念在人格权立法中无存在价值。

综上所述，具体人格权概念本身存有不确定的缺陷，不符合民事权利的构成要件。此外，我国人格权立法中应该坚持"人格权保护一般条款+类型

---

① 冉克平. 一般人格权理论的反思与我国人格权立法[J]. 法学, 2009 (8) : 143.
② 冉克平. 一般人格权理论的反思与我国人格权立法[J]. 法学, 2009 (8) : 143.
③ 冉克平. 一般人格权理论的反思与我国人格权立法[J]. 法学, 2009 (8) : 144.

化"的立法模式，在立法确认各项人格权的同时保持人格权类型化的开放性，以保护未来可能出现的新型人格法益。由此，无论是人格权理论、司法实践还是人格权立法，都无须具体人格权概念的存在，所以，应该废除具体人格权这一概念。

人格权立法经历了一个漫长的发展历程。截至目前，在大陆法系国家的民法典，如《德国民法典》《法国民法典》《瑞士民法典》等仅就个别人格权作出立法确认，基本都没有明确的关于人格权的规定，也没有将其独立成编的先例，原因在于人们对人格权认识不足。立法者为了避免因为认识不足而造成的立法错误，在立法上采取相对保守的立法策略。因此，人格权立法明显滞后。社会发展至今，人格权理论历经多年的发展，已经成为相对成熟的体系。立法技术的进步，人们自身认识水平、思维能力的提高，都为人格权法的制定创造了有利的条件。截至目前，已有相当多的国家或地区对人格权立法进行了大胆的尝试。笔者认为，以我国民法典制定为契机，我国人格权立法完全有可能实现人格权的成文法突破，实现人格权立法史上的一个创举。

第二节 人格权体系构建

一、权利种概念的确定

时至今日，基于民法典制定及对人格权保护的现实需求，人格权体系的构建受到广泛关注。在我国的民法学界当中，一般人格权作为一个被广泛认可的概念，已经在理论研究与司法实践中存在已久。传统理论认为，我国人格权体系分为一般人格权与具体人格权两种，这种观点曾经一度成为学界的通说。但从一般人格权概念引入我国至今，一直有学者对这种体系的划分持怀疑甚至是否定的态度。已故法学家谢怀栻先生早在1996年就明确表达了其对"一般人格权"与"具体人格权"的分类所持的否定态度。① 目前这种观点已经被越来越多的学者所关注，通过对人格权体系的进一步分析，笔者认为，在未来民法对人格权的保护中，应当废除一般人格权这一概念，将"人

---

① 谢怀栻. 论民事权利体系[J]. 法学研究, 1996 (2) .

格权"确立为此类民事权利的总称。

如前所述，一般人格权概念出现于德国司法实践中。当时，《德国民法典》中已经出现了一些关于具体人格权的规定。第二次世界大战过后，关于人格法益纠纷的案件大量出现，《德国民法典》中保护人格法益的规定在解决案件时明显力不从心。为了避免对人格法益的过分保护的局限，德国联邦法院在处理"读者来信案"时，援引了《基本法》的第1条、第2条规定，突破了《德国民法典》第253条对获得赔偿需依法律特别规定的要求，作出了判决并受到认可，自此一般人格权概念正式提出，并被认为是"由宪法保障的基本权利"。

正因为"一般人格权"并非产生于民法典体系的内部，所以德国学者就如何定位一般人格权的性质和内涵，在学说上便存在不同表达。从一般人格权的性质来看，一般人格权被视为是一种"框架性权利"，其存在的主要价值为法官行使自由裁量权提供保障和依据，具体包含的内容是无法通过法条明确表达的。通过一般人格权产生的背景可以看出，一般人格权并不是各种具体人格权集合的总称。因为普遍认为一般人格权是人格权的下位概念，所以就可以得出人格权代表的是具体人格权保护法益以外的其他人格法益。但是回到一般人格权出处的德国《基本法》第1条、第2条可以看出，该2个法律条文所规定的内容，是对"人类尊严"及"自由发展人格的权利"的保护。即一般人格权的出现本意保护的是全部的人格法益而不是其中的某一部分。在我国学者的表述中，我们可知，他们也是从不同的角度说明一般人格权包含全部的人格法益。那么一般人格权与具体人格权是包含与被包含的关系，那么一般人格权就与人格权的概念发生了重合，人格权包含一般人格权的现存体系也需要重新考虑。

我国在引进德国一般人格权概念之初，可能就已经对客观事实存在一定的错误认识。一般人格权产生于《德国基本法》背景是在《德国民法典》中不仅没有关于人格权保护的概括性规定，甚至对各项具体的人格权利也没有规定，为解决具体案件只能从人的基本权利角度出发。从德国创设一般人格权概念的本意出发，所谓"一般"是为与民法典的规定相区别，应当具有

"基础的、根本的、抽象的、整体的"等复杂含义。① 这与我国司法实践当中所理解的一般人格权的意义大相径庭。在我国的民法环境及人格权理论下，人格权是全部人格法益的总称，学界对此基本达成了共识。但德国司法实践所创设的一般人格权也是全部人格法益的总称。所以说，一般人格权在实质上就是人格权。在我国已经广泛接受人格权概念，并确认各种具体人格权的背景下，一般人格权概念已经没有继续存在的价值和意义。笔者认为，在我国未来民法典及人格权法制定过程当中已不必再使用一般人格权这一名称，应还原其人格权的本来面目，以人格权作为人格权这一类民事权利的总称，适应我国实际的制度基础并以此纠正因误读造成的体系混乱问题，推进人格权法功能的发挥及人格权理论发展。

二、权利层次的设置

通过对人格权、一般人格权、具体人格权的分析，可以得出以下结论：我国虽然引进人格权的相关概念，却未能厘清其实质上的内涵和外延，最终形成了目前以人格权为总称，以一般人格权和具体人格权作为下位权利的人格权体系。这样的人格权体系存在严重的逻辑矛盾和问题。一般人格权及具体人格权概念的存在表面上显示出我国人格权体系具有鲜明的层次，实质上却造成逻辑的冲突，不仅在理论上为人格权法的发展造成了障碍，也使法官在司法实践中难以有明确的法律依据处理案件。为改变这种现状，根本的解决方法是重建我国人格权的层次设置及体系构建。

如前所述，一般人格权与人格权概念存在逻辑矛盾与冲突，一般人格权实质上就是被误读的人格权，在人格权体系当中应当废除一般人格权的概念，在理论研究及司法实践中均不再使用这一名称。同时具体人格权在实质上就是各种不同的具体的人格权类型的集合体，它与一般人格权一样并不是一项实际的权利，在实质上是为了与所谓一般人格权进行区分而被创造出的概念。在明确人格权与一般人格权各自本质及相互关系的背景下，在确定一

---

① 尹田. 论人格权概括保护的立法模式——"一般人格权"概念的废除[J]. 河南省政法管理干部学院学报, 2011 (1).

般人格权概念应当被废除的前提下，具体人格权的概念也没有继续存在的意义和价值。而应该在以人格权为权利总称的新型体系下，还原具体人格权是各种人格权类型的事实。在废除一般人格权和具体人格权概念后，将"人格权"作为上层概念，设定为此类权利的总称，在民事权利体系内与财产权相对应，并处于同等地位。其下位概念应包括姓名权、荣誉权、生命权、健康权等不同的权利类型，这种新型的人格权层次设置可以彻底解决困扰人们许久的人格权理论研究及实践问题，对我国人格权立法、人格权保护及人格权理论研究具有重大的意义。

三、权利种类与范围

在前述人格权体系下，由于具体人格权这一权利总称的废除，有必要对被具体人格权所涵盖的各种人格权类型进行重新的梳理，明确我国目前人格权的种类与范围，这就是所谓的人格权类型化问题。

当下，学界对人格权的分类研究不多，多从大的方面对人格权进行概括式分类，谈不上是人格权的类型化。学界代表性的分类方法有以下四种：（1）张俊浩教授主张将人格权分为物质性人格权和精神性人格权，分别是指自然人对于物质或精神性人格要素的支配权。基本的生命权、健康权、身体权及劳动能力权构成物质性人格权。精神性人格权分为三种类型，首先是以姓名权、肖像权为例的标表型人格权；其次是以身体自由权、内心自由权为例的自由型人格权；最后是以荣誉权、名誉权、隐私权、信用权为例的尊严型人格权。[①]（2）徐国栋教授将自然人的人格权分为保障自然人自然存在和社会存在的人格权。为维持自然人独立生命个体特征而必需的人格权，如生命权、自由权等，为保障自然存在的人格权；为维持自然人作为社会关系主体而必需的人格权，如姓名权、名誉权、肖像权、荣誉权等，属于保障社会存在的人格权。[②]（3）马俊驹教授主张的人身完整、人格标识、人格自由、人格尊严的分类。人身完整以生命权、健康权、身体权威为内容，相当于物

---

① 张俊浩. 民法学原理[M]. 北京: 中国政法大学出版社, 2000: 142–158.

② 徐国栋. 民法总论[M]. 北京: 高等教育出版社, 2007: 302.

质性人格权；人格标识的内容包括肖像权、姓名权、声音权等，相当于标表型人格权；人身自由和人格尊严都与精神性人格权相类似，人身自由包括身体自由权、住宅自由权、意思决定自由权、表达自由权、信仰自由权等内容，人格尊严包括名誉权、信用权、荣誉权、隐私权、知情权、环境权等内容。①（4）温世扬教授主张对自然人的人格法益或人格要素进行两个层次的划分，即人格法益或人格要素的内在要素和外在要素。内在要素包含自由、尊严与安全，外在要素为人格标识。②笔者并不赞同对人格权再进行概括式的分类，更倾向于对人格权之下保护各项具体人格法益的人格权进行类型化处理，包括立法确认、司法实践中的概括总结及学理论证。这对推动人格权理论发展、丰富人格权体系、完善人格权立法及加强人格权保护具有重要的理论和现实意义。笔者将从以下四个方面展开论述：

（一）经立法确认的人格权

《中华人民共和国宪法》第37条规定：中华人民共和国公民的人身自由不受侵犯；第38条规定：中华人民共和国公民的人格尊严不受侵犯。笔者并不否认宪法所规定的人身自由及人格尊严属于人格的范畴，但考虑到我国的司法体制及制度限制，笔者并不认为宪法的上述规定是对人格权类型化的立法确认。

《中华人民共和国民法通则》第5章第4节虽然名为人身权，实则并无关于身份权的内容，而是仅规定了人格权。③具体内容包括对名称权、姓名权、肖像权、名誉权、荣誉权、生命健康权及婚姻自主权的立法确认。

《中华人民共和国侵权责任法》以列举的形式对包括生命权、健康权、名誉权、荣誉权、姓名权、隐私权、肖像权及婚姻自主权在内的一系列传统人格权进行了立法确认。

此外，《中华人民共和国未成年人保护法》第30条，《中华人民共和国消费者权益保护法》第14条、第25条，《中华人民共和国残疾人保障法》第3条第2款，《中华人民共和国妇女权益保障法》第39条等部门法，分别规定

---

① 马俊驹. 人格和人格权理论讲稿[M]. 北京: 法律出版社, 2009: 249, 250.

② 温世扬. 略论人格权的类型体系[J]. 现代法学, 2012 (7) .

③ 梁慧星. 中国民法经济法诸问题[M]. 北京: 法律出版社, 1991: 59-67.

了对一些特殊主体的个人隐私、人格尊严、人身自由的保护。笔者认为，上述部门法对特定主体人格权或人格法益的保护，是侵权责任法意义上的民法保护，并不是对特定人格权的类型化处理和立法确认。

（二）司法实践概括总结的人格权

最高人民法院《关于贯彻执行〈中华人民共和国民法通则〉若干问题的意见》首次涉及"隐私"，将揭露和宣扬自然人隐私的行为规定为"侵害名誉权"的行为，实现了对名誉权的类型化处理。

最高人民法院《关于确定民事侵权精神损害赔偿责任若干问题的解释》在总结民事侵权精神损害赔偿案件审判经验的基础上，对生命权、健康权、身体权、姓名权、肖像权、名誉权、荣誉权、人格尊严权、人身自由权进行了类型化处理。

综上，我国民事立法及司法解释确认了以下人格权类型：生命权、健康权、姓名权、名称权、肖像权、名誉权、荣誉权和婚姻自主权、隐私权、身体权、人身自由权、人格尊严权。

（三）《民法典草案》确立的人格权

截至目前，我国先后出现了5部民法典草案：一是王汉斌委托9位专家完成的学者建议稿；二是在学者建议稿基础上由人大法工委民法室完成的"室内稿"；三是梁慧星教授及其同事在其参与的学者建议稿基础上增补了一定篇章内容的"补全稿"；四是王利明教授以学者建议稿为基础增补完成的"补全稿"；五是徐国栋教授的《绿色民法典草案》。其中王汉斌委托9位专家完成的学者建议稿是人大法工委"室内稿"的基础，二者没有实质性差别。因此，实际上我国共有4部民法典草案。各民法典草案分别确立了不同的人格权类型：

梁慧星教授主持的《中国民法典草案建议稿》第16条规定：〔一般人格权〕自然人的自由、安全和人格尊严受法律保护。自然人的人格权不得转让，非基于法律规定，不得予以限制。第18~24条分别规定了生命权、身体权、健康权、姓名权、肖像权、名誉权及隐私权等具体人格权。①

---

① 梁慧星. 中国民法典草案建议稿附理由书. : 28.

王利明教授主持的《中国民法典学者建议稿及立法理由：人格权编婚姻家庭编继承编》第292条规定：［一般人格权］自然人的人格尊严、人格平等和人格自由受法律保护。第2~6章分别规定了生命权、健康权、身体权、姓名权、名称权、肖像权、名誉权、信用权、荣誉权、自由权、隐私权、婚姻自主权、环境权、休息权、禁止性骚扰及对其他人格利益的保护。①

　　人大法工委的民法典草案第1条规定：自然人、法人享有人格权；自然人的人格权包括生命健康、姓名、肖像、名誉、荣誉、信用、隐私等权利。法人的人格权包括名称、名誉、荣誉、信用等权利。第2条规定：自然人、法人的人格尊严和人身自由不受侵犯。

　　徐国栋教授的《绿色民法典》在"自然人法"部分规定了自然人的人格权，在"法人法"中规定了法人的人格权。自然人人格权包括生命健康权、自由权、家庭权（涵盖婚姻自主权、贞操权、生育权、收养权、家庭成员之间享受照顾的权利、受保护权）、平等权、姓名权、肖像声音权、名誉和荣誉权、私生活权、归属权。法人人格权部分包括法人的名称权、名誉权和荣誉权。

　　就自然人人格权类型而言，笔者比较赞同王利明教授在民法典草案中对人格权类型的立法确认，但该民法典没有对法人人格权进行类型化处理。笔者主张应当在人格权法中一并进行立法确认。因此，在法人人格权问题上，笔者赞同人大法工委的观点，应将法人人格权在人格权法中进行立法确认。需要说明的是，人大法工委的民法典草案只是提出了对法人人格权进行立法确认的观点，在法律条款的表述上还远远没有达到人格权类型化处理的要求。

　　不同版本的民法典草案对自然人人格权类型化问题，达成了一些共识，但也对个别人格权存在不同观点。笔者更赞同王利明教授的民法典草案。其中，环境权、信用权、休息权、婚姻自主权、禁止性骚扰是其他民法典草案没有提及的，或者没有作为独立的人格权类型。在此，笔者拟作简单的分析

---

　　① 王利明. 中国民法典学者建议稿及立法理由[M]. 北京: 法律出版社, 2005: 15.

与论证。

1. 环境权

环境与资源问题成为全球关注焦点的同时，人类对环境拥有的直接法益也成为人格权法理论研究的课题。环境权概念的提出引发了它究竟属于公权还是私权的讨论。笔者认为，在环境权概念之下蕴含着重要的人格法益，应属民事权利的一种，隶属于人格权。环境权提出的基础在于环境问题对人类个体生命权、健康权有重大的影响，同时环境人格权的存在对维护人的身心健康、对人类个体乃至于整个人类生存、发展也有重大意义。

环境人格权在国外已经取得了一定的发展，国外已有对环境人格权立法的先例。以1996年的《乌克兰民法典》为例，其第2编中广泛规定了多达23种人格权内容，其中环境人格权获得了立法确认，反映出了民事立法活动将来的发展趋势。① 笔者认为，这一立法例代表了民事立法的新趋势，值得借鉴。将环境权纳入人格权立法，是对我国人格权立法的一种完善和补充。在环境权的内容方面，结合各国关于环境权的立法及我国面临的实际问题，环境人格权内容可以透过以下几种法益来理解。例如，阳光权、宁静权、清洁空气权、清洁水权、通风权、眺望权、自然景观权等，同时也应明确环境权的内容始终在不断发展变化当中，无论在理论研究还是司法实践中，都应保持其开放式状态。

2. 信用权

现代社会经济活动中，信用的重要性已经凸显出来，其得到广泛的关注和认同。目前我国对于信用体系的构建仍处在一种探索阶段。在我国现存的法律体系中，涉及规范信用的法律法规相当不完善。在《民法通则》和《侵权责任法》中尚没有关于信用权保护的相关内容。目前我国对信用权益的保护主要存在于《刑法》第221条、第246条，《反不正当竞争法》第14条，《关于审理名誉权案件若干问题的解释》第9条等法律条文中，并确立了以侵害名誉权来处理侵害信用权案件的间接保护的模式。从我国固有的对信用的

---

① 邓江陵. 环境人格权刍议[J]. 云南大学学报: 法学版, 2007 .

保护来看，可以看出学者们早期对于信用的态度是将其视为荣誉权的一部分加以保护。随着我国民法典制定工作的推进及社会现实的实际需要，对于信用权益的争议也体现出来。学者们广泛承认信用权属于人格权体系之内，核心焦点在于应当将信用权独立成为新型人格权类型还是仍将其归于名誉权之下。主张设立独立信用权的学者们认为："信用也有名誉不能包含的内容，其中不含侮辱或贬损人格之意者，不能一律以名誉律之"① "信用在商品经济社会对于自然人人格具有重要价值，且信用权确有名誉权容纳不下的内容，二者性质又有区别，故有特别予以法律保护的必要。"② 但是基于学者们普遍承认信用属于人格法益，所以不能否认损害信用的直接后果是导致当事人的人格权益受损。加之信用的特殊本质是包含道德信用和经济信用两种主要类型的社会评价，损害信用必然导致受害人的社会评价降低，仍是损害名誉权的直接体现。所以在名誉权范围内完全可以充分实现对信用的保护，而且能够避免因为设立独立的信用权而造成人格权类型的重复和泛化。同时，在承认法人人格权的基础之上，应在保护法人名誉权的同时实现对法人信用的保护。实现对法人社会知名度及相关经济利益的尊重和保护。笔者认为，信用权不宜作为独立的人格权类型，避免人格权类型的泛化，如《日本民法典》并没有明确信用为一种权利，但是采取以扩张名誉权的方式对信用权益加以保护。所以，笔者主张应当将信用纳入名誉权，同时作为自然人及法人的人格权类型。

3. 休息权

休息是自然人日常工作、生活当中必须的行为，是每个人生理上的需要，是人类最为基本的一项生存要素。社会的发展，自我意识的提高，社会主体对个人休息的权利越来越重视，学界对休息权的研究也日益增多。对休息权的存在与否，学界存在"肯定说"与"否定说"两种对立的观点。

持"肯定说"的学者认为，休息权是一项宪法规定的基本权利，受到宪法的规范和保护。从民法角度出发，应当将休息权纳入一般人格权加以保

① 杨立新. 人格权法[M]. 北京: 人民法院出版社, 2009:33–35, 348, 354.
② 张俊浩. 民法学原理（上册）[M]. 北京: 中国政法大学出版社, 2000: 158.

护。另有学者认为，如果劳动权被人格权法确立为独立的人格权类型，则与之相对的休息权也应当被规定为一种同等地位的人格权类型。持"否定说"的学者认为，休息权并不是一种天然的人格权，而是劳动法赋予劳动者的利益，所以如果劳动者的休息权被侵害，也不是侵害人格权的问题，而是违反劳动法规定义务或是违约的问题。

笔者更赞同"肯定说"，休息权应是一种独立的人格权类型，具有作为独立人格权类型的理论和现实依据。其人格权属性主要表现在以下3个方面：第一，休息权是源于自然人生理需求、源于自然人的自然属性；第二，休息权是自然人个体专属的权利；第三，休息权是为保障主体生存的必备权利。可见，休息权与生命权、身体权、健康权相类似，都是基本的人权。同时，休息权也符合确立为独立的人格权类型的条件。首先，休息权有明确的内容和特征，如果不将其确立为法定的人格权类型，仅通过人格权保护的一般条款无法实现对休息权的充分保护。其次，隐私权具有一定的独立性和特殊性，虽然与生命权、健康权、隐私权存在内容上的交叉，但客观上并不能被其他人格权类型所包含，必须独立出来才能实现对休息权的全面保护。最后，不将休息权作为独立的人格权类型，会导致受害人寻求救济困难、法官判案缺乏依据、人格权法的完善发展受到阻碍等一系列现实问题。

各国立法传统上是通过宪法和劳动法实现对休息权的保护，如1961年起草的《欧洲社会宪章》、1972年的《欧洲社会保障公约》及1967年的《阿拉伯劳工标准公约》等都对休息权做出规定。此外，在《意大利民法典》《葡萄牙民法典》中也有大量涉及休息权的法律条文。上述立法表明，休息权在国外得到相当程度的发展，并得到立法确认。我国对休息权的规定主要体现于《劳动法》中。但客观上劳动法对休息权的保障并不十分完善，随着社会发展，其也出现了许多漏洞。为了实现对休息权的全面保障，需要为休息权寻求一条新的立法确认和保护途径，即将休息权纳入人格权法以实现对其立法确认和私法保护。

综上，笔者认为：休息权属于独立的人格权类型，应当在人格权法中，将休息权置于生命权、健康权、身体权之后，对休息权进行单独的立法确认。

4.婚姻自主权、禁止性骚扰

王利明教授的《民法典草案》将自由权确立为一种独立的人格权类型，对此，笔者持赞同的态度。但笔者认为，婚姻自主权及禁止性骚扰不宜作为独立的人格权类型。婚姻自主权是指公民自主决定自己婚姻状况，不受他人非法干涉的权利，包括结婚自主权和离婚自主权。我国《民法通则》第103条规定："公民享有婚姻自主权，禁止买卖、包办婚姻和其他干涉婚姻自由的行为。"据此，公民依法享有婚姻自由，即公民依法按照自己的意志，自愿地结婚或离婚，不受他人干涉。因此，婚姻自主权实质上是婚姻自由的权利，理应纳入自由权。

同样，笔者认为，禁止性骚扰也不宜作为独立的人格权类型。首先，性骚扰是指违背他人意愿，以含有淫秽色情内容或者性要求的语言、文字、图像、电子信息、肢体行为等方式骚扰他人的行为。侵害的是他人性行为及性交流的自由。事实上仍然是对主体自由权的侵害，理应属于自由权的内容。其次，"禁止性骚扰"也不是一直规范的权利表达方式，而是对禁止侵权的一种表述。因此，禁止性骚扰不能作为独立的人格权类型。

（四）学理论证的人格权

人们生活环境的改变及生活水平的提高，现行法律确认的人格权类型已经远远不能满足社会发展及司法实践的需求。人格权理论研究迎合社会发展潮流及司法实践需求，极大地推动了人格权类型化进程。经过学理论证的新型人格权不断出现，在司法实践中，这些人格权类型也逐步走上历史的舞台，扮演着越来越重要的角色。笔者将对学界探讨的若干人格权类型进行简要的分析和论证。

1.个人信息权

个人信息是可以识别出信息主体本人的一切信息的总和，包括信息主体的生理信息、心理信息、智力信息及有关信息主体个体的信息、社会的信息、经济的信息、文化的信息、家庭的信息等。[①]自计算机诞生之后，信息

---

① 韩迎春,魏新丽.个人信息权保护模式探析[J].前沿,2010 (12).

技术获得了空前的发展，20世纪80年代开始全球信息化运动，人类社会迅速发展为信息化社会。在信息社会中，信息传播速度快、传播范围广，传播内容更为丰富和广泛。作为社会组成基本单位的个人，其个人信息也在信息化社会中占据一定的地位。个人在银行存款或进行投资、购买保险的财产信息、个人家庭及家庭成员状况、个人就业及工资、纳税情况、个人身体健康情况及医疗档案记录等，不单纯是对作为信息主体的个人的资料信息的汇总和整合，实际上在这些信息背后，包括姓名、性别、年龄、民族、职业等信息在内的自然人基本自然情况，都属于重要的人格法益。因此，笔者赞同个人信息的人格属性，应当纳入法律保护范围。

与此同时，由于个人信息内所涵盖的一些内容能为部分人带来一定的经济利益，所以催生了大量涉及个人信息的案件。我国近年非法传递、获取、使用个人信息案件时有发生，而个人接收到房屋出售信息、贷款利率信息、教育培训信息及娱乐信息几乎成为手机、计算机使用者每天必须应付的干扰，使生活不得安宁，工作受到影响，有些人甚至上当受骗，严重者已达到犯罪程度。[①]这都充分说明我国关于个人信息的保护仍有严重缺失。在这种背景之下，将个人信息权作为一种新型的人格法益理应受到法律的保护。

尽管笔者赞同个人信息具有人格属性，隶属于人格法益的范畴，应当受到立法保护。但笔者并不赞同将个人信息作为一个独立的人格权类型进行立法确认，个人信息应当纳入隐私权保护范围，在隐私权已经成为独立的人格权类型后，没有必要再确立个人信息权。理由如下：

隐私权的概念自1980年由美国学者提出之后受到了社会各界的广泛关注，发展至今，隐私权由最初的"免受外界干扰的、独处的"权利发展成为"公民享有的私生活安宁与私人信息依法受到保护，不被他人非法侵扰、知悉、搜集、利用和公开等的人格权"。[②]在我国目前的法律规定中，由于并未对隐私权的具体内涵和外延作出统一、明确、具体的规定，所以隐私权作为一种开放性的权利仍有进一步发展的空间。例如，隐私权可以进一步类型化

---

① 刘士国. 新生人格权问题研究[J]. 法学论坛, 2011 (6).

② 张新宝. 隐私权的法律保护[M]. 北京: 群众出版社, 1998: 21.

为独处权利、个人信息秘密权利、通信自由、私人生活安宁、住宅隐私等。其中个人信息隐私又包含如生理健康信息、家庭财产信息、电话通信信息等众多隐私内容。有学者提出，关于信息主体的所有个人资料和信息，只要不是出于公共利益和必要的程序的需要，无论信息的公开对主体个人甚至他人有何种影响，只要信息主体个人选择不愿公开，就应按照隐私权的标准加以保护①。这些隐私权下包含的个人信息与前文所述的个人信息内容相吻合，所以能够说明个人信息权益实际上就是在隐私权背景下衍生发展出的人格法益。纵观世界各国立法，能够发现很多国家都是通过隐私权来实现个人信息权益保护的。美国学者 Daniel J. Solove 和 Paul M. Schwartz 认为，个人信息资料本质上是一种隐私，法律上作为一种隐私加以保护，可以界定其权利范围②。Solove 教授用侵犯隐私形容在网络中泄露他人信息的行为。② 德国联邦宪法法院将"信息自决权"作为隐私权的内容。③ 同时，对个人信息权益的侵害也常常与侵害隐私权的方式和结果形同。因此，利用目前相对较为健全的隐私权保护体系来保障个人信息权益是完全可以实现的，这样不仅能够尽快地实现和完善个人信息权益的保障体系，同时还能避免人格权类型的复杂化，避免法律体系的冗杂。

2. 自主决定权

自主决定权是随着"私法自治"原则逐步发展起来的一种新型人格权。对于人身自我决定权是日本在第二次世界大战后通过判例发展的人格权。日本为补充《日本民法典》中对于具体人格权规定的不足，通过判例的方式，将多种反映人格尊严价值的具体人格利益发展成为新型的具体人格权，通过这种途径，日本的人格权制度得到了极大的丰富和发展。人身自我决定权就是其中的典型代表之一。④ 自主决定权在我国民法中是有迹可循的，在我国民法中有关于自愿原则的明确规定，其中婚姻的自主决定权就是自主决定权

---

① 张新宝. 隐私权的法律保护[M]. 北京: 群众出版社, 2004: 8, 9.

② Daniel J. Solove& Paul M. Schwartz, Information Privacy Law, Third Edition, Wolters Kluwer, 2009, p.2.

③ Margaret C.Jasper, Privacy and the Internet : Your Expectations and Rights under the Law, New York: Oxford University Press, 2009, p.53.

④ 邓曾甲. 日本民法概论[M]. 北京: 法律出版社, 1995.

概念之下的一个具体表现形式。现代资本主义社会，进一步形成人格意义上的私事的自己决定权，除原本意义上的合同、婚姻、遗嘱、结社的自由外，还包括新形成的医事法上的患者对是否接受治疗及选择接受何种治疗的自己决定权（简称为患者的自己决定权）；参加危险行为的自己决定权，如登山、拳击、探险活动的自己决定权；生育的决定权，选择生育或不生育的权利;甚至发展到着装、性自由、安乐死等的自己决定权。① 这些自主决定权强调和保护的是人格意志自由，体现的是对人格尊严的尊重，是社会文明化发展的必然趋势。虽然自主决定权起源于资本主义国家，但伴着随社会的发展，我国也必须赋予个人以更多的自主权利，自主决定权在我国人格权法体系中也是必须面对的一个问题。自主决定权内涵的人格法益还在不断发展之中。

有学者认为对个人自主决定权的保护可以通过隐私权来实现，并不必然要求将自主决定权作为新型的人格权类型。坚持自主决定权是独立权利的学者们认为：隐私权属于自由型人格权的范畴，但从其功能上来看，隐私权所关注的重点是保障权利主体的个性化而不是强调保障行使权利的自由。所以，自主决定权更强调行为人行使权利自由的功能，并不能通过保护隐私权来实现。本书认为，与个人信息权相同，自主决定权完全可以纳入到隐私权的开放体系下，以实现保护个人自由。王泽鉴教授认为，隐私权的价值在于个人自由和尊严的本质，体现于个人自主，不受他人的操纵及支配。对个人内心领域的侵入构成对其自我存在的严重危害。② 以《侵权责任法》第55条对患者自主决定权的保护为例，我国在司法实践当中也体现了将自主决定权纳入隐私权保护之下的态度。由此可以看出隐私权是保护权利人的一道屏障，隔绝外部对权利人的侵害，实现权利人在屏障之内有充分的空间和自由，能够自主地决定对自身隐私的处置。国外学界主流观点也倾向于将自主决定权纳入隐私权的保护范畴。如 Rehm 教授认为，自主决定的利益其实和隐私权没什么关系，不过仍然可以把这两种利益都放在隐私权下面来保

① 张新宝. 隐私权的法律保护[M]. 北京: 群众出版社, 2004: 9.
② 王泽鉴. 人格权的具体化及其保护范围·隐私权篇（上）[J]. 比较法研究, 2008 (6) .

护。① 通过内在人格与外部世界的分离，内在人格获得了自我发展的能力，可以形成自己的价值、观念、情感，并进而可以按照这样的人格特性进行自我决定。② 在美国的司法实践中，早在1973年就出现了按照隐私权保障自主决定权的案例。美国联邦最高法院对"罗伊诉韦德堕胎案"的处理态度是将堕胎自由确认为宪法规定的隐私权的内容，这是美国法律将自主决定权正式纳入隐私权体系的标志。综上所述，自主决定权从理论到实践，都受到隐私权的深远影响。隐私权所具有的开放性和扩展性的特点使其能够充分适应时代发展的需求，不断扩充保护新型的隐私利益。就自主决定权而言，不论是从各国理论研究的发展还是从司法实践的先例，都完全可以将其视为发展中的隐私利益纳入到隐私权体系之下，这样既能完善隐私权体系的发展，避免人格权类型的复杂化，也能借鉴隐私权保护的经验从而更全面地实现对自主决定权的保护，所以将自主决定权纳入隐私权范畴内加以保护更为合理。

　　笔者认为，将自主决定权纳入隐私权保护范围，有其特定历史背景和时代特色。事实上，自主决定权在本质上体现为人的意志自由，与人格法益中自由的含义相吻合，而与旨在保护私人生活安宁与私人信息秘密的隐私权在权利内容和实质上存在差异。因此，应当将自主决定权纳入自由权进而实现对其的民法保护。

　　3. 公开权

　　公开权是美国创设的从隐私权中衍生出的一种新型人格权，即对隐私公开从而商业化使用的权利。不仅包括禁止未经本人允许商业性使用其人格标识的消极性权利，也包括授予他人以利用本人人格标识的排他性权利的积极性权利。它以保护自然人姓名、肖像、声音等人格标识的商业价值为内容，并允许继承和转让。隐私权具有专有性和独占性，是不可以转让的。而公开

---

① Gebhard Rehm, Just Judicial Actibism? Privacy and Informational Self-Determination in U. S. and German Constitutional Law, 32U. WEST. L. A. L. REV. pp. 275, 278（2001）.

② Steven J. Heyman, Righting the Balance:An Inquiry into the Foundations and Limits of Freedom of Ex-Pression, 78B.U.L.Rev. 1275, 1325（1998）.

权从本质上说是放弃隐私而获得报酬的权利。① 在我国的民法中并没有公开权的概念，也没有类似的制度，但客观上却不得不面对人格法益与经济利益纠纷这一实际问题的发生。人格权的发展逐步凸显出经济利益和商业化的趋势，是在人格权立法中必须考虑的问题。对于如何规定这种特殊的新型人格权，学界观点不一。以王利明教授为代表的学者不同意直接引进公开权，不赞成在人格权法中确立独立的公开权；② 但是，以程合红为代表的部分学者，深受国外现有公开权理论的影响，主张以美国公开权制度为基础，结合我国实际国情及司法实践需求，在民法中增加以商业活动为目的，授权他人使用其肖像、姓名的规定。③ 笔者认为，公开权在本质上属于人格权，至于其商业化使用，也只不过是人格权商品化的表现形式而已。因此，在未来的人格权立法中，不宜将公开权确立为独立的人格权类型。

4. 基因权

对于基因权的权利属性，目前学界存在几种不同的观点和学说：人格权说、财产权说、知识产权说及人类共同财富说等学说。这些学说立足于不同的角度探讨了基因权不同的权利属性。有学者认为，鉴于基因由遗传物质组成，是人体的根本单位，基因就是人身体的一部分。因此，基因就是这个人本身，基因是人格权的客体，具有人格性。④ 这种科学事实恰恰证明基因权的人格权属性。

基因科技发展在造福于人类的同时也带来了对人格尊严侵害的危险。例如，如何防止医疗当中对基因信息的泄露，如何避免基因歧视带来的社会问题等。1997年11月11日联合国教科文组织大会通过的《人类基因与人权的世界宣言》及于2003年10月16日联合国教科文组织大会在巴黎通过的《关于人类遗传基因数据的宣言》都强调保障人格尊严是基因权保护的基础和核心。我国作为联合国成员国及2个《宣言》的签字国，对基因权的保护同样应

---

① 苗延波. 人格权法制定中的焦点问题研究[J]. 法学论坛, 2009 (6) 84.

② 王利明. 人格权法研究[M]. 北京: 中国人民大学出版社, 2005：282-286.

③ 蒋继菲, 王胜利. 谈公开权对我国人格权立法的启示[J]. 前沿, 2010 (22)：118.

④ 林维信. 基因资讯保护之研究——资料保护法草案为中心[J]. 科技法学评论, 2007 (1).

当从保护人格尊严角度出发，将其纳入到人格权体系当中。笔者并不赞同将基因权确定为独立的民事权利类型，对涉及人体基因的相关人格法益，应当分别纳入隐私权、身体权等现有的人格权类型，进而实现对基因权的司法保护。

5. 生育权

社会的发展，生育纠纷的增加，引发了生育权理论的诸多争论和探讨。19世纪后期，生育权伴随着西方女权主义运动被提出并得以发展。20世纪以来，生育权越来越受到国际社会的关注，在各国都获得了很快的发展和进步。但包括我国在内的很多国家，均没有在立法上明确规定生育权的法律属性。关于生育权的性质，学界尚没有达成共识。分歧主要在于一些学者主张生育权属于身份权，相反观点认为生育权属于人格权。笔者认为，生育权属于新型的人格权范畴。但生育权不是独立的人格权类型，属于自由权范畴，不依附于一定的身份关系而产生，生育权的主体不应局限于特定身份。首先是因为生育权是人与生俱来享有的一种权益。其次，作为生育权客体的生育权益属于人格法益。生育权益所体现的是生育主体享有自由决定生育方式、生育数量、生育时间等相关事项的权利，它的义务主体并不是具有某种特定身份关系的人，而是权利主体之外所有的自然人。同时，生育权的行使并不会因为身份的改变而改变，单身或是婚姻状态都不会影响生育权的行使。但生育权益在本质上体现为人的生育意志自由，与人格权中自由的含义相吻合，并不是基于身份关系而产生的身份利益。① 因此，应当将生育权纳入自由权进而实现对其的民法保护。

综上，笔者认为，为避免人格权类型的泛化，规范人格权类型化进程，对学界探讨的各类人格权或人格法益，包括在国外已经纳入民事立法或在司法实践中得到确认的人格权类型，不宜简单地将其确认为一种独立的人格权类型。人格权的类型化应是一个科学的系统工程，对于可以纳入既有人格权类型的人格法益，无须单独确立新的人格权类型。

---

① 马忆南. 夫妻生育权冲突解决模式[J]. 法学, 2010 (3)：15–17.

第三节 人格权立法选择

一、人格法益权利化

面对应否将人格法益权利化这一困惑，有学者对人格权保护特点和合理要求进行政策思考，以期对人格权立法提供有益的建议。[①]我国当前的人格权立法面临着立法模式的选择问题，首先需要解决的问题是人格权保护是否应该在民法上予以正面确认，即人格权应否民法实证化。纵观民法历史上关于人格权保护所采取的立法模式可以得知，罗马法、1804年《法国民法典》中的人格保护模式并不可取，因为其没有解决人格权的立法困惑。1896年《德国民法典》、1907年《瑞士民法典》等法典中有关人格权保护模式的规定为人格权的实证化奠定了基础。这种立法模式是历史发展和进步的重要体现，也是伦理观念发展到一定阶段的产物。具体而言，人格权利化是满足人格法益保护现实性和合理性要求的必然选择。随着人权观念的不断深入和侵犯人格权现象的不断涌现，加强人格权保护势在必行。如果采取人格受到侵害后才给予保护的消极立法模式，人格关系得到保护的目的是不能实现的。为了保护人格权及缓解社会复杂性，应当提前将人格的范围和法律界限给予明确规定，使得人格得到权利确认。这也是人格权利化的现实基础。[②]此外，这些民法典将人格权利化和人格伦理价值有效融合，很好地将人格自身特点和人格交往融入人格法益保护之中，也为人格保护奠定了法律基础。我国人格权立法应当正确面对现实困境和复杂环境，深入掌握人格保护的新要求，将人格权利化，这是我国民法上法律现实的需要。具体而言，在民法上将人格权予以正式确认需要掌握两个方面：

1. 人格权的确认方式

在民法上对人格进行确认，重要的是为人格交往和人格保护提供一种与

---

① 龙卫球. 人格权的立法论思考: 困惑与对策[J]. 法商研究, 2012 (1).
② 龙卫球. 人格权的立法论思考: 困惑与对策[J]. 法商研究, 2012 (1).

人格伦理化品质相当的实证形式。① 于是，受尊重权就成为人格权在民法上得以确认的最佳选择。德国民法学家拉伦茨如是说："人身权不是支配权……人身权根据它的实质是一种受尊重的权利，一种人身不可侵犯的权利。"②将人格权确认为受尊重权，在人格权立法中可以直接规定受法律保护的人格法益的范围及相关保护措施。《德国民法典》《瑞士民法典》均没有完成对具体人格权的列举，但2个国家均没有面临人格权保护的困惑。

2. 人格权立法的内容构成

具体而言，人格权的内容构成应该包括以下三个方面：（1）应当对人格权保护给予一个框架性规定，由此可以引导整个人格权立法，并有助于指导司法实践。（2）对那些已经具体化的人格权进行详细规定，其规定方式均应体现为受尊重及由此产生的排除效力的表述。③（3）应该综合考虑实践需求和社会发展等因素，将一些特殊或者复杂的人格法益加以规定，保证人格权保护范围的全面性。总之，立法者在进行人格权立法时，应当首先深刻认识人格权的伦理属性，然后采取实证主义的法律形式对人格权进行确认。④进而从整体上健全人格权的立法体系。

二、人格权的私法确认

近代意义的人格权产生于宪法，但是随着人格权的不断发展，现代人格权更主要的是体现为一项民事权利，一种私权形态，一种私法关系。⑤宪法中将人格权定性为一种基本人权、一项法定权利、一种基本权利、彰显出其宪政价值。基本权利以国家为义务主体，以约束公权力为主要任务，旨在促使国家履行保障公民人权尤其是公民基本权利方面的义务，进而实现保护公民的合法权益不受国家侵害的功能。⑥由此可见人格权是近代人权运动和宪政制度的产物，其立法表述肇始于宪法。但是，人格权作为调整市民社会利益关系的权利

---

① 龙卫球. 人格权的立法论思考: 困惑与对策[J]. 法商研究, 2012 (1)：9.

② [德]卡尔·拉伦茨. 德国民法通论（上册）[M]. 王晓晔, 等译. 北京: 法律出版社, 2003: 379.

③ 龙卫球. 人格权的立法论思考: 困惑与对策[J]. 法商研究, 2012 (1)：11.

④ 龙卫球. 人格权的立法论思考: 困惑与对策[J]. 法商研究, 2012 (1)：11.

⑤ 刘凯湘. 人格权的宪法意义与民法表述[J]. 社会科学战线, 2012 (2)：201.

⑥ 刘凯湘. 人格权的宪法意义与民法表述[J]. 社会科学战线, 2012 (2)：201.

形态，更多地体现为私法性。笔者认为，人格权具有宪法权利与民事权利的双重属性，更主要的是一种民事权利。因此，虽然近现代宪法创设了人格权，并将人格权作为一项基本人权纳入法律确认的范畴。但是宪法对人格权的规定只停留在理论层面，如果没有民法对人格权进行确权规定和具体规范，民事主体的人格权就不能充分得到保障，而且宪法创设人格权的立法目的也将难以实现。因此，在人格权立法过程中将人格权属性主要归位于私法权利，将人格权进行民法实证化，更加有利于对公民人格权给予全面的法律保护。

大陆法系国家之所以没有通过私法确认人格权，因为这些国家都有宪法法院，人格受到侵害可以通过宪法诉讼主张权利。① 而我国没有宪法法院，因此人格权只能通过私法进行保护，为司法机关的裁判提供法律依据。此外，我国"解释宪法，监督宪法实施"的职权仅仅被赋予给全国人民代表大会常务委员会，司法机关不享有解释宪法的权力，排除了法院通过解释宪法而在民事案件直接援引宪法条款为判案依据的可能性。② 学者张红曾经撰文详述对"齐玉苓案"判决的反思，他指出法院没有直接援引宪法进行判决的权利。"宪法不是'保护他人的法律'。最高人民法院在'齐玉苓案'中以受教育权受到侵害为由进行的批复并不能创设违反'保护他人的法律'这类侵害类型，这一批复在法学方法上具有重大瑕疵"。③ 法院只能通过民法中的转介条款来实现对人格法益的保护。

综上，宪法上的人格权具有宣示意义，人格权应当由民法进行私法确认，从而落实对人格权的法律保护。

三、人格权法独立成编

在我国目前民法典制定的背景下，结合各国立法体例及我国学者对人格权立法问题的各种学说观点，人格权立法大致可以分成3种主要观点：一是

---

① 王利明. 我国未来民法典中人格权编的完善——2002年《民法典草案》第四编评述[J]. 中国政法大学学报, 2013 (1).

② 张新宝. 民事法官能够直接引用宪法条文判案吗？——最高人民法院法释 (2001) 25号司法解释另解[J]. //民商法前沿 (2002年1、2辑合本), 长春: 吉林人民出版社, 2002.

③ 张红. 论一般人格权作为基本权利之保护手段——以对"齐玉苓案"的再检讨为中心[J]. 法商研究, 2009 (4).

将人格权法纳入到民事主体法律制度中，对人格权法益不设专编，将《民法通则》中关于人格权的规定纳入总则编自然人一章；二是在侵权责任法中进一步规定对各种人格法益的保护，这种观点主要是基于《侵权责任法》中所列明的各项权利中有很大一部分都是关于人格权的规定的原因，并且其规定的侵权责任方式和损害赔偿也都可以应用于对人格权纠纷案件的处理；三是将人格权法独立成编，保证人格权与财产权在民法典中居于同等重要的地位，同时也能表明主体的人格与人格权在本质是不同的这一事实。笔者赞同人格权法应独立成编。

（一）人格权法独立成编的意义

第一，人格权法独立成编是我国民法顺应时代发展取得进步的一个标志。民法作为一部权利法，其规定的各项权利都占据着重要的地位。其中人格权作为一种发展扩大中的权利，在各国的民法领域中都引起越来越多的关注和重视。例如，《法国民法典》的修改与补充即体现所谓"无则有之"及"有则增之"的趋势，甚至出现了乌克兰民法典草案中包括迁徙自由权、结社权等非民事权利在内的32种人格权。[①] 按照这种发展趋势，我国民法典制定过程中必须解决的问题之一就是如何制定一部能在当代背景下充分保护人格权的人格权法。一部形式独立且体系健全、内容翔实的人格权法是我国坚持人本主义思想，突出人与人格权地位的重要体现，同时也是我国民法体系实现现代化发展的一个重大标志。

第二，人格权法的独立成编是切实实现对人格权保护的最佳途径。在民法体系中的多种基本民事权利，多数是通过民法分则的专章规定加以保护的。而关于人格权保护的规定，基本是散见于《民法通则》《侵权责任法》及司法解释中，这不利于人格权内涵及外延的明确。正如有学者所揭示的那样，如果民法典不给予人格权法以足够的立法空间，即"形式小于内容，就会使人格权法的复杂内容受到挤压、压迫，没有适当的空间容纳自己、展现自己、发展自己。"[②] 将人格权专门规定为一编，就会有更大的空间对人格权

---

① 曹险峰. 人格、人格权与中国民法典[D]. 长春: 吉林大学, 2005.

② 杨立新. 中国人格权法立法报告[M]. 北京: 知识产权出版社, 2005: 12.

进行规定，可以清楚、明确、详细地规定各种具体人格权，不仅有利于帮助人们掌握自己究竟享有哪些人格权，他人应当如何进行尊重，同时也能够使法官裁判案件有明确的依据，防止出现人格权列举不足，而导致法官滥用或者"向一般条款逃逸"现象的发生。①人格权的独立成编能够实现人格权法定化的这一目标，将人格权的根本内容、行使方式及救济方法予以明确规范，同时也能在未来人格权发展过程中合理地处理新型人格权类型的问题，进一步为人格权创造发展空间。

第三，人格权法的独立成编有利于进一步提高我国民法典的逻辑性和体系性。人身权与财产权是相互对应的两大基本民事权利类型，是民事权利的重要组成部分，具体民事权利的产生都来源于这两大基本权利，人身权与财产权应居于同等重要的地位。但在民法发展史上，财产权制度始终受到人们的广泛关注，在各国民法典当中，对于财产权的规定都较为完备，涉及财产权制度的债权法和物权法已经作为独立的部分被规定于民法当中并经历了长时间的发展和完善。相较于财产权而言，人身权尤其是人身权的重要组成部分即人格权的发展则一直处于被忽视的地位，人格权在发展过程中始终没有建立起健全、科学、系统的逻辑体系和框架结构。传统民法中对财产权和人格权的态度差异很大，对财产权给予高度重视和关注，但对人格权只进行了很简单的规定，没有将其视为与财产权同等地位的独立制度，更没有使其独立成编。对人格权的保护只能存在于主体制度或是侵权责任法中，这导致了整个民法体系的失衡，反映了传统民法存在着一种"重物轻人"的不合理现象。②人格权作为众多民事权利的源头，如果人格权不能独立成编确认其地位的话，其他含有人格权内容的许多民事权利（如知识产权中的肖像权）在民法体系中的位置也需要重新定位。将人格权法独立成编不仅仅在司法实践中有重大意义，对民法典的制定而言更是对其体系的一次梳理，可以弥补传统民法体系中对人格权的忽视，填补漏洞。在部分反对人格权法独立成编的学者当中，反对的理由之一是目前人格权法相关法律条文较少，不足以形成

---

① 王利明. 民法典·人格权法重大疑难问题研究[M]. 北京: 中国法制出版社, 2007: 4.

② 王利明. 人格权制度在中国民法典中的地位[J]. 法学研究, 2003 (2): 34.

完整的体系，在整个民法典体系中比例不能协调，不宜独立成编。这种观点的问题在于两个方面，首先是没有认识到在民法典制定过程中，应关注的首位问题是民法典整体的逻辑性和体系性，与目前人格权相关条文松散的结构来看，独立成编更能体现出民法典周密的逻辑性，也更能健全民法典的体系。其次是虽然目前人格权法的相关内容松散混乱且条文数量很少，但如果将其独立编纂，梳理其内部结构就能发现其本身的内容也相当丰富，除了相关基本概念、人格权的权利总称及一般条款，目前存在的具体的人格权类型数量也相当可观。同时，通过人格权法的确认，在未来发展中，必然还会有大量的新型人格法益被确认为具体人格权类型，这种良性循环会促进人格权法的不断丰富和壮大。因此，人格权法部分在民法典中比例不足的情况最终会得到缓解和解决。所以以人格权法条文数量不足来否认其独立成编的理由是不能成立的，不能以追求民法典形式上的比例协调而牺牲民法典实质上的逻辑性和体系性。因此，人格权法的独立成编将在实质上推动民法典的健全和发展。①

（二）人格权法独立成编的理由

笔者认为，人格权法应独立成编，这是民法典编纂体系创立的要求，也是全面保护人格权的必然选择。具体理由如下：

1. 侵权责任法不能代替人格权法

第一，侵权责任法只能对现有的权利类型加以保护而不能去创设、确认权利。侵权责任法主要是救济法，其主要功能不是确认权利，而是保护权利。②作为一项法定的民事权利，不仅具有经法律确认的内容，同时还有具体的权利范围。这为人们行使权利划定了明确的界限，对保证权利主体规范行使权利及对民事权利提供有效救济都有重大的意义。目前我国对人格权的保护尚未形成全面系统的体系，实际上，许多现存的人格权的类型、内容、效力的规定并不完善。随着社会发展，大多人格权有进一步类型化发展的必要，并且向类型化

① 曹险峰. 人格、人格权与中国民法典[D]. 长春: 吉林大学, 2005.

② European Group on Tort Law, Principles of European Tort Law:Text and Commentary, Springer Wien, New York, 2005, p.30.

转变也是人格权发展的必然趋势。例如，隐私权就可以进一步类型化为独处的权利、个人生活秘密的权利、通信自由、私人生活安宁、住宅隐私等；个人生活秘密又包括生理健康方面的隐私和个人信息隐私、家庭信息隐私等内容。不同的隐私类型，在权利的内容及侵权的构成要件上，都可能有所差异。① 同时，社会的进步，民法的发展，将有大量新型的人格法益不断涌现出来，对新型人格法益的立法确认，必然导致新型人格权的产生。人格权作为一个开放的体系，各种新类型的人格权无法在侵权责任法中得到规定。② 侵权责任法作为权利救济法，无力解决新型人格权保护问题。也就是说，不可能通过对侵权责任法的反复扩张实现对新型人格权的保护。与侵权责任法属于救济法相比，人格权法则是权利法，应规定人格权的意义、效力、限制等一般性规定，以及人格权的类型化及其权能，包括人格权的保护等。③ 由此可以看出，只有在侵权责任法之外，独立制定人格权法才能充分满足私权行使和保护的需要，恰如在侵权责任法之外，仍然需要单独制定物权法一样。

第二，侵权责任法不能具体规定权利的取得、转让、变动规则。法人的名称权、肖像权的使用等，均涉及权利转让、变动规则。此外，人格权体系中除了如生命权、健康权一类的与生俱来的人格权，还存在大量的如荣誉权、名誉权等需要通过后天的行为才能取得的人格权。对这些人格权的取得应当设定专门的规则，这些规则显然非侵权责任法所能包括的。④

第三，侵权责任法无法解决人格权与其他权利的冲突和矛盾问题。人格权作为一种新型的权利类型，是一种仍在逐步探索之中的权利，法律对其规定也不够完善。在人格权的行使和保护过程之中难免会遇到一些权利冲突的问题，如近年来在我国引起较为广泛关注的隐私权与新闻自由之间的冲突、在名誉权与舆论监督之间的冲突、肖像权与肖像作品著作权之间的冲突等问题。因此，伴随人格权的发展，必然要求冲突解决规则的发展和完善，在强

① 王利明. 人格权法研究[J]. 社会科学战线, 2012 (2).
② 马海霞. 论人格权在未来我国民法典中的地位[J]. 天中学刊, 2004 (19).
③ 谢哲胜. 中国人格权法独立成编及其基本内容的立法建议[J]. 人大法律评论, 2009.
④ 王利明. 独立成编的人格权法与侵权责任法的关系[J]. 社会科学战线, 2012 (2).

调立法保护人格权的同时，也必须设立相应的规则以便规范自然人对人格权的行使，保证权利不得滥用、人格权与言论自由的协调等。这些问题只能由独立的人格权法加以规定，不宜笼统地规定在侵权责任法中。

综上所述，侵权责任法与人格权法性质及功能上有着本质的区别，这种区别注定了侵权责任法不可能代替人格权法的存在，人格权法应当独立成编，侵权责任法则可以与人格权法相互配合以实现对人格权的保护。

2. 宪法司法化不符合我国国情

追溯人格权产生的历史，可以明确一个事实，人格权最初是由宪法确认产生的，是宪法性的权利。随着社会发展进步和司法实践的需要，最初具有宪法基本权利性质的人格权，必须面临逐步私法化的转变和趋势。面临逐步私法化的转变和趋势，尤其在我国，人格权的最终实现和救济，必须通过民法这种具体部门法加以实现，根本原因在于，在我国实践当中不具有宪法司法化的可能性。

德国对人格权的保护并不主要依赖于《德国民法典》，主要是因为在《德国基本法》即人格权的源头中，已经有了较为全面具体的规定，并且在德国法院设置中有专门的宪法法院可以直接适用《德国基本法》中的宪法规定来处理案件，所以，在德国只有基本法的规定也并不妨碍对人格权的司法保护。比较我国具体国情与德国实践可以发现：在我国并不存在借鉴德国司法实践的条件。

在我国宪法关于人民基本权利的条文当中也有涉及人格权的相关规定，但在我国不能将宪法规定直接运用于具体案件的处理当中，首先因为我国没有能够直接援用宪法规定的宪法法院，其次是因为在我国除了全国人大及其常委会以外的任何机关和个人都无权对宪法作出解释，所以在我国的法院中，处理具体案件时法官也不能通过解释的方式援用宪法条款来处理具体案件。所以就我国实际情况而言，依据宪法条款处理具体案件缺乏制度和技术上的支持。与此同时，宪法作为国家根本大法具有极强的稳定性，一般不会出现修改宪法的局面，我国目前的宪法与其他部门法的格局将在很长一段时间内都保持稳定不变，这使"宪法司法化"基本只能停留在理论层面的讨论上，而很难落实到实践当中。我国的人格权作为从宪法基本权利发展而来的新型权利，只有以宪法规定为基础，经过私法化的过程实现向民事权利的转变，才是符合我国国情的有效途径。因此，在民法环境之下，制定以私权利保护为落脚点的独立的人格权法，是在我国实现人格权保护的一项重要工作。

从人格权的民事权利属性看，人格权不仅涉及国家的义务和责任，作为绝对权的人格权，其义务主体当然包括平等的民事主体。人格权的民事权利属性表明人格权的保护与救济必须在民法领域得以实现。这也是我国不能通过宪法司法化实现人格权保护的原因之一。

3. 人格权制度不能为主体制度所涵盖

在民法典制定过程中，一些学者之所以反对将人格权独立成编，一个非常重要的理由是，人格权与人格制度不可分离。认为人格权不宜独立成编的学者认为：人格权与人格权制度应当为民法典总则中的主体制度所涵盖。①更具体地说，"关于人格权的类型和内容的规范应该安排在总则编'自然人'项下，关于人格权的救济则应安排在侵权责任法中，人格权法不宜独立成编。"②按照以上学者的设想，一方面能够体现出在人格实现的过程中人格法益的重要地位，另一方面也与一些别国已经确立的立法模式相吻合。例如，在《瑞士民法典》中，就是将人格权设置于主体制度下加以规定。《瑞士民法典》在自然人主体资格问题中依次规定了自然人权利能力、行为能力、人格权保护等一系列内容。尽管否定人格权法独立成编存在一定的依据，但笔者认为仍有待商榷。

第一，该观点未能清晰解释人格与人格权存在的差异，未能解决人格权是否应受侵权责任法保护的问题。事实上，人格权与人格是两个完全不同的概念。侵权责任法实现对人格权保护的前提是受保护的人格权与主体资格发生了分离。这就表明，如果人格法益没能与主体资格分离并进一步发展成为独立的人格权，当受害人被侵害人格法益时就不能从侵权责任法中寻求救济。因为在现代民法主体平等原则下，人人具有平等的人格，侵害人格的实质只能是对具

---

① 梁慧星. 民商法论丛（第13卷）[M]. 北京: 法律出版社, 1999.

② 钟瑞栋. 人格权法不能独立成编的五点理由[J]. 太平洋学报, 2008 (2) .

体的某种人格权的侵害。如果不能清晰解释人格与人格权的具体关系，很难实现对人格权及人格的合理保护。人格受到侵害只能是具体的人格权受到侵害，而不是人格受到侵害。[①]该观点在法律上未将主体资格与权利进行划分，是不符合逻辑要求的。人格权与作为主体资格的人格是两个的不同范畴，不能混淆，"此等学者将吾人自然享有之生命/身体、自由与法律保护之生命、身体、面相混同，将自然的能力与法律之上之力相混同"。[②]

第二，人格权体系庞大且开放性强，不适宜在民事主体制度中加以规定。实现人格权法定的关键在于将人格权的内涵及外延通过法律加以确认，以保证人格权的行使及救济能有法可依。现代社会生活当中，人们对于现有的人格权的关注日益增加，对人格权保护的客观要求也大大提高，人格权最初作为宪法基本权利在宪法中受到的保护，以及在侵权责任法中所受到的保护，不能满足目前人格权发展的需要。同时人格权作为一种新型的权利，随着社会、科技、经济及人们法律意识的发展和提高，其本身的发展也必然呈现一种开放的发展趋势，在现有的人格全类型之外，必将出现许多其他类型的人格权。如果将人格权法规定于民事主体制度当中，需要注意的是民事主体制度主要规定的是主体资格、权利能力、行为能力和住所等内容，保护各种不同人格权所涉及的大量信息不能在此部分中加以详细规定。而如果不对现存的及将来可能出现的各类型人格权作出周密规定，在民法典制定后处理人格权问题时就不得不面对只能依靠判例来处理案件的局面。

第三，将人格权法制定于民事主体制度中，存在体系与技术上的障碍和问题。现代民法中以主体平等为基本原则，任何自然人或法人在社会当中都享有平等的人格，在每个个体之间会产生复杂的人格、财产关系。这种人格关系显然不是主体制度所能够调整的，主体资格是产生人格关系的前提和基础，但产生具体的人格关系还要依据具体的法律事实。也就是说，侵害人格权所产生的侵权责任，并不能从主体制度中寻求到合理的解决途径。

第四，将人格权规定于主体制度中，存在立法技术上的问题。不论自然

① 王利明. 人格权法制定中的几个问题[J]. 暨南学报哲学社会科学版, 2012 (3).
② 龙显铭. 私法上人格权之保护[M]. 北京: 中华书局, 1948: 1.

人还是法人，都享有人格权，如果将人格权内容规定在主体制度中，不能对人格权规定一般的原则，尤其是不能设定人格权保护的一般条款，这对人格权体系的构建与完善、人格权的开放性保护都是一个不小的障碍。尤其应当看到，将人格权置于主体中规定，还存在着一个技术上很难解决的问题，即在侵害人格权的情况下，对于侵害人格权的各种责任，不可能都在债法中作出规定。因为停止侵害、恢复名誉等不是一个传统债法中债的关系问题，而有关侵害人格权的责任不宜规定在总则中。那么，除此之外，当发生侵害他人人格权需承担侵权责任时，适用于人格权侵权的停止侵害、恢复名誉等并不是一个传统债法中债的关系问题，而有关侵害人格权的责任也不宜规定在总则中。因此需要考虑的是，在主体制度与债法中都不宜规定的内容，究竟应当在何处规定。①

人格权作为一种权利类型，应当在民法典分则中予以规定。在分则中明确规定各项具体的权利，然后通过侵权制度对侵犯人格权的行为进行救济和保护，这与人格权的属性要求是相符合的。主体制度也无法调整各种具体的人格关系的，具体的人格关系只能通过人格权制度予以调整。即使这种关系假设是可以存在的，那么在立法技术上也是会存在问题的。自然人和法人均具有人格权，这样就不能对人格权规定一般的原则，尤其是不能设定一般人格权的概念，这样在立法体例上就是不合理的。②

4. 人格权独立成编是丰富民法体系的需要

人格权的独立成编具有重大的理论支持与实践意义。从民法的体系与结构来看，人格权法独立成编完全符合民法典的体系发展规律，对民法典体系的丰富和完善具有十分重要的作用。人格权独立成编是符合民法体系结构的内在逻辑的，如果人格权不能独立成编则不能突出它作为民事基本权利的属性。从民法的调整对象来看，人格权也应该独立成编。③民法主要调整的是财产和人身关系，但是我国民法一直缺少对于人格权的完整调整，人格权独

---

① 王利明. 人格权法制定中的几个问题[J]. 暨南学报: 哲学社会科学版, 2012 (3).
② 王利明. 试论人格权的新发展[J]. 法商研究, 2006 (5).
③ 曹险峰, 田园. 人格权法与中国民法典的制定[J]. 法制与社会发展, 2002 (2).

立成编排会使得整个体系得到完善。同时，人格权法独立成编也将是我国立法上的一次飞跃，也将是我国法律体系的一个重大突破。①

5. 人格权的独立成编是人格权制度发展的需要

各国现行民法典中还没有对于人格权独立成编的先例。这是因为这些法典制定时的社会经济发展水平不高和人格权理念尚未发达的客观环境所决定的。但是随着社会经济发展水平的提高，社会物质文化及精神文明的发展，各种新生人格法益逐步上升为人格权并得到了立法确认和保护，社会发展带来的后果之一就是人格法益保护的范围、方式都在发生转变，并且克隆技术的发展使得人们对于生命权和身体权的保护又加深了一层危机感，增加了这一方面的研究。对于人格权的独立成编，不仅有利于民法内部体系的健全和梳理，而且对构建人格权立法体系意义重大，对于公民人格方面的保护也会更加完善。

四、人格权列举及新型人格权保护

对人格权进行全面列举的立法模式在人权思潮高涨的当前社会显然不妥当，因为各种人格法益被侵害事件不断频发，民众的人权意识也在不断增强，新型的人格法益不断涌现。如果将新出现的人格法益规定到人格权体系中，不免会影响法律的稳定性。因此，这种观点饱受学者们的诟病，未来民法典中应该不会采纳这种观点。纵观各国人格权立法可以发现，《德国民法典》《瑞士民法典》均没有完成对具体人格权的列举，但两个国家均没有面临人格权保护的困惑。《瑞士民法典》"有意识地放弃了对人格利益的列举"。② 该法典仅明文规定了一种具体人格权——姓名权，其他人格利益的保护都通过该法典第 28 条一般人格利益保护的规定来完成。③ 由此可见，具体人格权无法穷尽列举对人格权立法不会产生实质影响。笔者认为，当前人格

---

① 王利明. 人格权制度在中国民法典中的地位[J]. 法学研究, 2003 (2) .

② [瑞士]海茨·豪斯尔, E·艾比-米勒. 《瑞士民法典》中的人法（Heiz Hauscheer/ Regina E. Aebi — Müller, Das Per-sonenrecht des Schweizersichen Zivilgesetzbuches, 2 Auflag, 2008, S118）.

③ 沈剑锋. 具体人格权立法模式及其选择——以德国、瑞士、奥地利、列支登士敦为考察重点[J]. 比较法研究, 2011 (5) : 38.

权立法无法解决甚至无法预见的问题，已经不是本次人格权立法的任务和追求了。一方面，这些问题可以留给未来，这是法的发展与完善的客观过程；另一方面，可以采纳日本学者加藤雅信的观点，将这一问题交给法解释学和司法实践去处理。

五、人格权立法模式及路径选择

（一）立法模式确定

如前所述，一般人格权和具体人格权概念的存在是不合理的，应当废除。但在我国的传统民法理论研究中，人格权、一般人格权、具体人格权的概念构成了我国人格权体系。在主张废除一般人格权及具体人格权概念后，出于构建新的人格权体系的需求，我国人格权法应当选择怎样一种立法模式成为目前民法典及人格权法制定过程中关注的焦点。

人格权理论发展至今，可以得出以下结论：人格权的内涵是明确的，但人格权的外延伴随社会的发展进步不断发展变化，是一种处于"生成途中的权利"。因此，我国人格权立法的路径应确定为"人格权保护一般条款+类型化"之立法模式，而不是"具体人格权+一般人格权"模式。笔者主张废除一般人格权、具体人格权概念。其中，人格权保护一般条款的设立，可以填补原一般人格权概念和理论在我国人格权理论研究及司法实践中的功能和作用。既可以保持人格权体系的开放性特征，满足人格权作为新型权利的发展变化要求，也可以实现对人格权的开放性保护需要。可见，我国比较适合采用"人格权保护一般条款+类型化"之立法模式，这对我国人格权立法具有重要意义。

未来我国《人格权法》的制定，应当坚持法定化和类型化的要求，采用"人格权保护一般条款+类型化"之立法模式。采用人格权保护一般条款符合我国的国情，随着国民法律意识觉醒，规定人格权保护的一般条款首先能给予法官一定的自由裁量权，在处理具体案件中实现对未经类型化的新型人格权的保护。其次，能避免人格权保护过分依赖类型化，而将部分争议中的人格法益通过司法裁判裁量为人格权利，节约诉讼成本，弥补由于类型化不全面而出现的法律漏洞。最后，人格权保护的一般条款还可以成为贯彻民法价值判断基本结论的工具，乃至成为宪法价值进入民法的重要管道。① 采用类型化（具体式法定列举）的立法模式：能够最为直接明确地告知民事主体自身所享有的权利、权利所应受到的规范和限制及权利受侵害时寻求救济的方法和途径；人格权的类型化能够为法官判案提供裁判的依据，也能防止法官裁判过程中自由裁量权的扩张和过分行使。

总地来说，人格权类型化与人格权保护的一般条款是对我国人格权法的一次重塑，纠正了当前人格权体系下人格权法的缺陷和不足，为人格权提供了更大的发展空间及更为全面具体的保护。同时也强调了人格权法在民法典中的重要地位，对我国民法典的制定及民法体系的完善与发展有推动作用。

（二）立法路径选择

1. 以人格权保护一般条款代替一般人格权

我国一般人格权制度的产生和发展主要是通过借鉴结合改造发展而来的。学者借鉴德国、日本及我国台湾地区的一般人格权制度，并结合我国立法关于具体人格权之外的其他人格利益保护的规定，以及我国《宪法》对于人格尊严保护的规定，发展出我国的一般人格权制度。② 在司法实践领域，司法机关在借鉴上述学说，并总结司法实践经验的基础上，也逐渐接受了一般人格权的思想，并在最高人民法院《关于确定民事侵权精神损害赔偿责任若干问题的解释》中对其予以了确认。③ 最终，一般人格权制度在我国建立起来，一般认为，一般人格权制度主要包括人格尊严、平等、独立、自由，并且具有解释和补充的功能，基于一般人格权的内容及其性质特征，它起到了"兜底条款"或"一般条款"的作用，保障人格权的发展始终符合人格权体系开放性的要求。

随着理论研究的深入，学者们渐渐意识到引入一般人格权制度对我国而

---

① 王雷.《人格权法》立法的两大关键[N]. 中国社会科学报, 2011-8-9.

② 杨立新, 尹艳. 论一般人格权及其民法保护[J]. 河北法学, 1995 (2)：6; 姚辉. 论一般人格权[J]. 法学家, 1995 (5)：8.

③ 杨立新, 刘召成. 论作为抽象人格权的一般人格权[J]. 广东社会科学, 2010：177.

言可能并不是最佳的选择，因为一般人格权与具体人格权概念存在冲突，一般人格权本质上就是人格权，一般人格权这一概念在我国人格权法制定中应当废除才能保证法律体系的科学性和逻辑性。废除一般人格权概念后，必须有一种新的方法来实现一般人格权在理论研究与司法实践中的作用。笔者认为，我国人格权法的制定应当以人格权保护一般条款来代替一般人格权。目前，我国学者对人格权一般条款的理解并没有达成共识。有学者认为，为规定一般人格权而设立的具有"兜底"性质的一般性条款是人格权保护的"一般条款"。因为随着社会发展会催生出大量的新型人格法益，这些人格法益必然会在一段时期内会处于类型化的人格权体系之外，无法获得法律的保护。有学者认为，一般人格权规定就具有一般条款的性质，同时也就成为人格权类型化的一种"兜底条款"，使各种人格利益都能得到保护。[①]因此，设立人格权保护的"一般条款"，可以实现人格法益的保护。

首次从立法的高度对人格权的一般条款加以规定的是《瑞士民法典》，其中第28条规定："任何人在其人格受到不法侵害时，可诉请排除侵害""诉请损害赔偿或给付一定数额的抚慰金，只有在本法明确规定的情况下，始得允许。"[②]《葡萄牙民法典》第70条第1款规定："本法保护任何人之身体或精神不受非法伤害或将来之伤害。"我国台湾地区在1999年修正后的"民法"债编第195条规定："不法侵害他人之身体、健康、名誉、自由、信用、隐私、贞操，或者不法侵害其他人格法益而情节重大者，被害人虽非财产上之损害，亦得请求赔偿相当之金额。"[③]上述国家和地区的立法表明：人格权保护的一般条款已有立法先例并获得发展。学者们因此认为，我国人格权法的建立可以借鉴这些经验，建立符合理论研究和我国司法实践的人格权保护一般条款制度。根据部分学者的观点，一般人格权的实际价值在于"弥补法律规定的不足"，从而"使对需要得到保护的而法律条文未作规定的人格利益和伴随着社会以及技术的发展变化而出现的新的人格利益的保护成为可

---

① 王利明. 民法典·人格权法重大疑难问题研究[M]. 北京: 中国法制出版社, 2007: 56.

② 马克思, 恩格斯. 马克思恩格斯选集（第2卷）[M]. 北京: 人民出版社, 1972: 573.

③ 冉克平. 一般人格权理论的反思与我国人格权立法[J]. 法学, 2008 (8) : 133, 135, 139, 144.

能。"③ 因此，用人格权保护一般条款替代一般人格权制度必须满足一定的要求和条件。首先，人格权保护的一般条款必须与一般人格权制度一样要发挥"兜底条款"的补充、解释功能，以便实现对新型人格法益的保护。其次，还应该起到确权的作用，体现一种正确的价值观念。人格权保护一般条款的内容不应单一地局限于对受侵害后的救济方法，也应该包括实际人格权利益保护中的基本原则、价值追求、利益选择等方面。①

2. 以人格权类型化模式代替具体人格权

具体人格权同一般人格权一样，是我国传统人格权体系的重要组成部分。我国学者对具体人格权的研究，基本都停留在对具体人格权进行统一列举、逐一研究的层面。不同学者对于具体人格权内容的观点始终存在各种差异，因此对具体人格权的内涵和外延，在我国理论研究中并没有达成统一的观点，只能简单地将其解释为以具体的人格法益为保护客体的人格权。

在我国民法典制定的背景下，从学者对人格权法的深入研究得出如下结论：具体人格权本身并不是一种权利，它在实质上是对不同人格权类型的总称，将具体人格权概念设置在我国人格权体系内并不利于人格权体系的构建，不论是在理论研究中还是在司法实践中都应当将其废除。因此，我国需要对具体人格法益进行重新设置。笔者认为，我国在废除具体人格权概念后，应采取具体人格法益类型化的立法模式，即在人格权权利总称之下，直接设置各种类型化的人格权。

纵观世界各国对具体人格权的规定，主要有以下几种模式。

第一，以瑞士为代表的不承认具体人格权模式。《瑞士民法典》"有意识地放弃了对人格利益的列举"，② 在《瑞士民法典》获得法律明确的具体人格权只有姓名权一种，而其中第28条关于一般人格利益保护的规定的目的是对其他所有人格利益进行保护。在《瑞士民法典》发展过程中，主张人格权制度改革的联邦司法和警察部起草了《瑞士民法典》改革草案，曾在法典第28

---

① 欧世龙. 从一般人格权到一般人格权条款[N]. 福建江夏学院学报, 2012-12-2.

② [瑞士]海茨·豪斯尔, E·艾比-米勒.《瑞士民法典》中的人法（Heiz Hauscheer/ Regina E. Aebi — Müller, Das Per-sonenrecht des Schweizersichen Zivilgesetzbuches, 2 Auflag, 2008, S118）.

条第2款增加了具体人格权的规定——"特别是身体、生命、私人和秘密领域、自由和名誉属于人格关系。"①将生命、身体、自由、名誉及私人领域规定为具体人格权种类和内容。这一改革提案最终并未被采纳。原因在于，参议院认为这种列举的方式永远无法穷尽人格权的类型，不仅为法律条文的编纂制造了障碍，也阻碍了现实中人格权的发展、丰富。

第二，以德国为代表的具体式具体人格权立法模式。德国在人格权体系的构建中，力求实现对具体的人格权类型的内容能够详细全面地加以规定。这种立法模式被称为具体式具体人格权立法模式，严格遵守法定主义，通过列举的方式实现具体人格权类型、内容、法律救济手段的法定。

具体人格权类型法定要求除法律明确规定外不存在具体人格权。德国民法就始终坚持严格的具体人格权类型法定。目前德国立法确定的具体人格权类型主要包括《德国民法典》及特别法中明确规定的姓名权、肖像权、著作人格权、数据保护权，②以及包括生命、健康、身体、自由在内的四种人格权益。③虽然德国法律已经认同了有广泛人格法益需要保护的趋势，但是除了以上几种经过法律确定的人格权外，对其他人格法益的保护依靠人格权一般条款来实现，但这些人格法益并不能被视为一般人格权。

具体人格权内容法定要求具体人格法益所保护的对象确定，以德国将生命、健康、身体、自由视为具体人格权为例，除了自由以外的三项都有明确对象，即便是对于相对抽象的自由，德国已经通过理论及实践明确了自由的对象，即作为具体人格权的自由仅仅指身体活动的自由。④由于名誉这一权利所包含的内容难以通过法律明确，所以在《德国民法典》中名誉始终未被确认为具体人格权的一种。

救济手段法定是指对侵权案件的救济手段也以列举的方式规定。在德国对人格权的救济方法是对各项具体人格权的救济方法分别加以规定的，并没

---

① 《修订民法中人格保护制度的草案》[瑞士], 1975.

② [德]汉斯·布劳克斯, 沃尔夫-迪特里希·瓦尔克. 民法总论[M]. 2008.

③ [德]约恩·埃克特. 侵权法中的自由概念[M]. 1994.

④ [德]约恩·埃克特. 侵权法中的自由概念[M]. 1994.

有设立对全部具体人格权都适用的救济方法。例如，《德国民法典》中原第847条，现第253条是对侵害健康、身体、自由、性自主权予以精神损害赔偿的规定，在第12条又单独对侵害姓名权后的救济方法加以规定。同时，针对特定的具体人格法益也只有在法律规定了特定的救济手段时，当事人才能根据相关规定提出救济请求。

第三，以奥地利为代表的概括式人格权立法模式。这种模式与德国的具体是模式相对，在这种模式下，具体人格权的类型、内容及救济手段没有经过法律的严格确定，是相对开放的。对侵害具体人格法益的行为是否认定为违法行为没有严格的法律标准，要由法官根据具体情况来衡量和认定，"具体人格权是绝对权，但它们的保护范围受到与其冲突的他人人格权或者共同利益的限制，以至于具体的保护范围只有通过利益权衡才可以确定"。①

目前这三种主流的人格权立法模式，主要是根据各国的实际国情和需求制定和发展而来的，在各自的国家都发挥着有效保障具体人格法益的功能和作用。对我国而言，我国应当选择借鉴德国式的具体式具体人格权立法模式，这是从我国理论及立法、司法实践的前提出发作出的选择。目前对我国制定民法典中人格权法编所采取的框架体系，主流的观点是规定人格权保护的一般条款来保障人格权类型发展开放性的特点，一般条款的存在为我国采取具体式人格权类型保护提供了前提和基础。从我国的法律传统来说，在司法实践当中并没有赋予法官太多的自由裁量权，所以必须法定具体的人格权类型来为法官提供可靠的判案依据。所以，具体式（类型化）的人格权立法模式是我国人格权法制定的最佳选择。

3. 人格权保护的一般条款的设置

我国侵权法虽然已经通过一般条款将立法确认的人格权类型及其他人格法益纳入侵权责任法的保护范围，但单纯由侵权责任法规范人格权，无助于人们对于人格完整内涵的把握，也无法解释人格权保护的理论基础。在人格权的民法保护中，除损害赔偿须委之于侵权法之外，尚有人格权保护请求权

---

① [奥]科齐奥尔－维尔泽. 民法[M]. 2006.

的存在。如我国台湾地区"民法"第18条规定："人格权受侵害时，得请求法院除去其侵害，有受侵害之虞时，得请求防止之，前项情形，以法律有特别规定者为限，得请求损害赔偿或慰抚金。"为了实现人格法益的开放性保护，我国应当在民法典人格权编中规定人格权一般条款。我国立法者可以借鉴国外一般条款的规定，如《瑞士民法典》第28条，即"如果一个人的人格受到不法伤害，他可以针对任何导致该损害的人请求法院提供保护"。此外，1999年修正后的我国台湾地区"民法"第195条规定："不法侵害他人之身体、健康、名誉、自由、信用、隐私、贞操，或不法侵害其他人格法益而情节重大者，被害人虽非财产上之损害，亦得请求赔偿相当之金额。其名誉被侵害者，并得请求恢复名誉之适当处分。"该条并未使用"一般人格权"而是使用"其他人格法益"的概念，足堪保持人格权制度开放性的大任。①

我国各民法典草案也对人格权保护的一般条款做了不同表述：

梁慧星教授主持的《中国民法典草案建议稿》的第16条规定了一般人格权：自然人的自由、安全和人格尊严受法律保护。自然人的人格权不得转让，非基于法律规定，不得予以限制。②

王利明教授主持的《中国民法典学者建议稿及立法理由：人格权编婚姻家庭编继承编》第292条将一般人格权表述为："自然人的人格尊严、人格平等和人格自由受法律保护"。③

人大法工委的民法典草案对一般人格权作了如下规定：自然人、法人享有人格权。（第1条）自然人、法人的人格尊严和人身自由不受侵犯。（第2条）

徐国栋教授的《绿色民法典草案》中首先对自然人人格权和法人人格权作出了一般规定，随后以具体人格权的形式规定了自然人与法人的各项具体人格权利。

上述民法典草案，都直接或间接规定了人格的一般保护。其中梁慧星教授的草案和王利明教授的草案在法律条文中都直接使用了"一般人格权"的

① 易军.论人格权法定——一般人格权与侵权责任构成[J].法学, 2011 (8) .
② 梁慧星.中国民法典草案建议稿附理由书. : 28.
③ 王利明.中国民法典学者建议稿及立法理由[M].北京:法律出版社, 2005: 15.

概念，而人大法工委虽然没有直接提出一般人格权这个概念，但是仍然提出了人格尊严和自由不受侵犯。我国未来民法典中人格保护一般条款的规定应当与宪法精神相衔接，应当将人格尊严、人格自由作为其内容；并且应当具有概括性和开放性，鉴于前述一般人格权概念的废除，因此，未来民法典应当借鉴人大法工委草案中关于一般人格保护条款的规定，不应当采纳前两部草案"一般人格权"的表述。

4. 人格权类型化的立法确认

如前所述，人格权理论发展至今，我国人格权通过民事立法、司法解释、民法典草案及学理论证确立了不同的人格权类型。笔者认为，在我国拟进行的人格权立法中，应当对以下人格权类型进行立法确认：生命权、身体权、健康权、自由权、休息权、隐私权、姓名权、名称权、肖像权、名誉权、荣誉权、环境权。而对于其他人格法益及未来可能出现的新型人格权，可以依靠人格权保护的一般条款加以保护。

在民法发展史中，法典编纂往往是各种理论的产生、发展和相互角逐的重要时刻。人格权理论再次成为学者关注和论辩的焦点。截至目前，无论在法学理论界还是在司法实践中，人格权、一般人格权、具体人格权都是学者们反复使用的法律概念。人格权体系的界定、人格权立法选择，都需要对人格权、一般人格权、具体人格权概念重新整合及合理界定。通过对人格权理论基本概念的分析，以及对人格权体系、人格权立法的综合论证，可以得出以下结论：（1）人格权理论的存在和发展有着丰富的基础和支撑，人格权作为一项民事权利，应当得到立法确认。宪法上的人格权具有宣示意义，但人格权更应当由民法进行私法确认，明确其实证法上的权利属性及其在民事权利体系内的法律地位。（2）人格权体系内，一般人格权概念和具体人格权概念应该摒弃，恰如物权之下无须设定一般物权和具体物权。这也是本文的创新和突破之处。（3）我国人格权立法应该采取"人格权保护一般条款+类型化"的立法模式。这也是我国目前人格权理论、司法实践的共同期待。我国人格权体系的完善、人格权立法的完成及我国人格权的全面保护是可以期待的。

第四章 发展篇：人格权理论的未来展望

第一节 人格权理论的立法展现

人格权单独成编基本已经达成共识，符合民法典的逻辑性要求，能较好地实现人格权法的体系化。具体的制度设计应当坚持"总分"结构，总则对整个人格权编具有支架意义，其内容统摄适用于所有的人格权类型。分则则按照人格权的类型化进行体系构架。

一、人格权法体系架构

（一）人格权法总则设计

1. 人格权法的基本原则

人格权不同于物权、债权，它有独特的基本原则，对整个人格权法的立法、司法活动均有指导意义，对于新型的人格法益的保护还有补充漏洞的功能。具体的原则包括人格尊严维护原则、人格权法定原则、人格权平等原则。

2. 人格权概念的规定

人格权是一种独立的民事权利，有其独特的内涵。普通民众对人格权没有准确的认识，就无法适用人格权法保护自己的权利。建议在人格权法中规定："人格权是自然人依法对人格法益享有的支配并排除他人非法干涉的权利。"并且规定，自然人和法人都享有人格权，但法人享有的人格权仅限于名称权、名誉权。

3. 人格权商品化

现代社会市场经济的发展越来越重视对人格权中财产利益的应用，人格权主体可以积极利用和支配自己的人格权，进入市场流通。人格权商业利用趋势越来越明显，需要设置相应法律规则予以规范。人格权的商业利用时人格权的积极权能的体现，人格权法应当规定人格权主体有权积极利用人格权，许可他人使用自己的人格权。

4. 人格权的行使

人格权具有固有性和专属性，生命健康权不得抛弃，否则会违反伦理道德。为了维护公共利益和善良风俗，人格权不得滥用，违反这些限制规则，将构成权利滥用，不能获得人格权法和侵权责任法的保护。

5. 人格权的冲突及解决

当人格权与其他民事权利发生冲突时，人格权法需要设置冲突解决规则。例如，名誉权与言论自由的冲突，但是冲突解决规则可以通过授权性规定，交由司法部门裁决。因为冲突解决规则往往需要详细、明确的规定，而民法典只能规定原则性内容。

6. 人格权的保护规则

人格权请求权是人格权当然的保护方法。所谓人格权请求权，就是指民事主体在其人格权受到侵害、妨害或者有妨害之虞时，有权向加害人或者人民法院请求加害人停止侵害、排除妨碍、预防损害、恢复人格权的圆满状态等。[①] 建议如同《物权法》规定物权请求权一样，对人格权请求权进行规定，人格权请求权中的停止侵害、消除影响、恢复名誉等应当作出明确规定，从而加强对人格权的保护。

7. 人格权保护的一般条款

随着社会的不断发展，人格权概念的外延具有开放性，因此应当明确规定人格法益保护的兜底条款，对社会不断涌现的非典型人格法益进行全面、充分的保护。

（二）人格权法分则设计

基于前文的论述，笔者主张废除具体人格权概念，以人格权类型化进行体系构建。

---

① 王利明. 我国未来民法典中人格权编的完善——2002 年《民法典草案》第四编评述[J]. 中国政法大学学报, 2013 (1).

（1）对于已经成熟的人格权类型应当在人格权编中明确规定，包括《民法通则》和《侵权责任法》已经明确规定的生命权、健康权、身体权、名称权、姓名权、肖像权、名誉权、荣誉权、自由权、隐私权等权利。在体例安排上，将生命健康权置于各项人格权的前面，体现其法益的最高地位和法律的人文关怀。

（2）在《民法通则》基础上新增了休息权、环境权，进一步丰富和发展了具体人格权的内容。休息权作为独立的人格权类型，对其进行单独的立法确认应当置于生命权、健康权、身体权之后，凸显其法益的重要性。关于权利内容的列举较为详尽，如环境权应当具体包括阳光权、宁静权、清洁空气权、清洁水权、通风权、眺望权、自然景观权等。对于学界热议的信用权，笔者认为信用权不宜作为独立的人格权类型，我国应当效仿《日本民法典》的做法，以扩张名誉权的方式对信用法益进行间接保护，以避免人格权类型的泛化。个人信息权在信息时代愈显重要，有学者建议将其作为一种独立的人格权，但笔者之前对此探讨过，认为个人信息应当纳入隐私权的保护范围，其信息自决权可以被纳入自由权进而进行保护，其信息隐私利益可以被纳入隐私权进行保护。至于基因权，对涉及人体基因的相关人格法益，应当被分别纳入隐私权、身体权等现有的人格权类型，当前基因法益尚不能独立为一项人格权。公开权在本质上属于人格权，至于其商业化使用，也只不过是人格权的商品化的表现形式而已。因此，在未来的人格权立法中，不宜将公开权确立为独立的人格权类型。生育权可以纳入自由权进而实现其民法保护。自主决定权应当纳入自由权进而实现其民法保护。

如此，既可以充分对典型的人格权进行保护，同时又避免人格权类型的泛化，影响法律的稳定性。

二、人格权法条文设计

（一）一般规定

第1条【人格权定义】人格权是指权利人依法固有的直接支配自身人格法益并排除他人非法干涉的权利。

第2条【人格权法基本原则】人格权主体平等。

人格权法规定为人格权的，受到法律的保护。

权利人可以自由行使人格权，但应当符合诚实信用、公序良俗，不得损害国家利益、社会公共利益及他人的合法权益。

第3条【人格权主体】自然人、法人、其他组织享有人格权。

自然人的人格权包括生命权、健康权、身体权、姓名权、肖像权、名誉权、荣誉权、自由权、隐私权、环境权、休息权等权利。

法人、其他组织的人格权包括名称权、名誉权、荣誉权等权利。

第4条【人格权保护一般条款】自然人的人格尊严、人格平等和人格自由及其他人格法益受法律保护。

第5条【人格权行使】自然人、法人、其他组织的人格权与该自然人、法人不可分离，人格权不得转让、继承，但法律另有规定的除外。

第6条【人格权冲突及解决】因新闻报道等，可以合理使用自然人的姓名、肖像或者法人、其他组织的名称。

第7条【人格权的商品化】权利人有权在不违反法律规定、公共道德的范围内许可他人使用其姓名、名称、肖像、个人信息等人格法益，并获取报酬。

第8条【人格权请求权】权利人在人格法益受到他人不法侵害时或者他人行为可能造成其人格法益损害时，可以请求停止侵害、消除危险。

第9条【侵权责任】侵害他人人格权，应当承担恢复名誉、消除影响、赔礼道歉、赔偿损失、支付精神赔偿金等民事责任。

（二）类型化人格权

1. 生命权、健康权、身体权

第10条【生命权】自然人享有生命权。

非依法律规定，任何人不得非法剥夺自然人的生命。

第11条【健康权】自然人享有健康权。

禁止以任何行为和方式侵害自然人的身心健康。

第12条【身体权】自然人享有身体权。

禁止以任何方式侵害自然人身体,破坏自然人身体的完整性。禁止非法搜查自然人的身体。

第13条【生命权、健康权、身体权的不可转让性】生命权、健康权、身体权不得转让或抛弃。

禁止买卖人体器官及其他组织,禁止买卖死亡者遗体及其组成部分。

第14条【体液、器官、遗体的捐献】自然人可以捐献身体的血液、骨髓、脊髓、器官等。自然人有权决定在自己死亡后将自己遗体的全部或部分捐献。

2. 姓名权、名称权、肖像权

第15条【姓名权】自然人享有姓名权,有权决定、使用和依照规定变更自己的姓名。

自然人的别名、笔名、艺名等,与姓名受同等保护。

自然人的姓名不得转让,但在法律规定的范围内可允许他人使用自己的姓名。

禁止他人盗用、假冒自然人的姓名,禁止干涉自然人依法行使姓名权的行为。

第16条【名称权】法人、其他组织享有名称权,有权决定、使用、许可他人使用或者依照法律规定变更自己的名称。

禁止盗用、假冒法人、其他组织的名称。

法人、其他组织的名称可以依法转让,但法律另有规定的除外。

第17条【肖像权】自然人享有肖像权,有权保护自己的肖像不受歪曲、侮辱。

自然人有权使用或者许可他人使用自己的肖像。

非经本人同意,任何人不得非法使用他人的肖像,法律另有规定的除外。

3. 名誉权、荣誉权

第18条【名誉权】自然人、法人、其他组织享有名誉权。

禁止用侮辱、诽谤等方式损害自然人、法人、其他组织的名誉。

第19条【荣誉权】自然人、法人、其他组织享有荣誉权。

禁止非法剥夺自然人、法人、其他组织的荣誉称号，诋毁自然人、法人、其他组织的荣誉。

4. 自由权、隐私权、环境权、休息权

第20条【自由权】自然人享有自由权。自然人的身体自由及精神自由不受侵犯。

禁止非法拘禁或者以其他方法剥夺、限制自然人的身体自由、意思决定自由、思想自由、表达自由、信仰自由、创造自由及性自由。

自然人享有婚姻自主权，有权自主决定与他人结婚和离婚。禁止买卖、包办婚姻和其他干涉婚姻自由的行为。

禁止以任何方式对自然人实行性骚扰。

第21条【隐私权】自然人享有隐私权。私人信息、私人活动、私人空间、身体隐私及生命信息不受侵害。

禁止以窥视、窃听、跟踪、刺探、披露、骚扰、侵入等方式侵害他人的隐私。

自然人的通信自由和通信秘密受法律保护。禁止隐匿、毁弃或开拆他人的信件。禁止恶意阻止、妨碍他人的正常通信。禁止非法窃听他人电话。禁止非法窃取他人的电子邮件。

禁止非法收集和传播他人的个人信息资料。

第22条【环境权】自然人有权得到保障其生命、健康和安全的环境。自然人有权制止破坏或污染环境的行为。

第23条【休息权】自然人享有休息权。

禁止强迫劳动、过度劳动，以及其他妨害安宁休息的行为。

5. 其他规定

第24条【胎儿人格法益的保护】胎儿的身体、健康受到损害的，在其出生后，享有损害赔偿请求权。

第25条【死者人格权保护】自然人死亡后，其姓名、肖像、名誉、荣誉和隐私及遗体受法律保护。

死者的人格法益，死者的配偶、父母、子女有权对其进行保护。没有配偶、父母和子女的，其他近亲属有权对其进行保护。

第26条【其他人格法益的保护】宪法和法律规定的其他人格法益，依照本法关于人格法益保护的方法对其进行保护。

第二节 人格权理论的未来发展

一、人格权基本概念的调整与确立

前述一般人格权、具体人格权概念的废除，一定会招致理论界的反对。其核心观点除传统学者所坚守的一般人格权理论外，一定还包括如下问题：废除一般人格权、具体人格权的概念、改变"一般人格权+具体人格权"人格权体系，无疑将导致人格权理论研究的中断。也就是说，人格权理论研究中多年来使用的基本概念的消失，将阻断理论研究的连续性。但事实上，自一般人格权概念引入我国至今，我国学者对人格权制度的研究，从来没有出现过理顺的状态。关于一般人格权理论的争议和质疑，从来就没有停止。学界也从来没有就一般人格权的种种问题形成统一和达成共识。一般人格权进入人格权体系所造成的内在逻辑矛盾，从来就没有得到合理的解释和论证。因此，笔者认为，废除作为权利概念的一般人格权和具体人格权，将是人格权理论研究的进步。带给人格权理论研究的困难和问题，属于事物发展中波浪式前进、螺旋式上升。

如前所述，一般人格权概念的引入，造成我国人格权体系存在矛盾和冲突。在我国广泛接受人格权概念并将其视为保护全部人格法益的权利总称后，为了能够理顺逻辑上存在的错误，重建合理的人格权体系，我国未来人格权立法应当废除一般人格权和具体人格权概念，建立以人格权作为权利总称，下设生命权、健康权等不同人格权利类型的新型人格权体系。因此，有必要寻找一种新的立法模式来代替原有一般人格权制度及具体人格权制度。按照"人格权保护一般条款+类型化"的立法模式，未来我国人格权体系中应出现以下三类人格权基本概念：一是作为权利一类民事权利总称的"人格权"；二是作为人格权保护客体的人格；三是作为人格权类型化结果的"生命权”“健康权”等法定的人格权类型。

我国人格权理论研究，一直没有离开一般人格权及具体人格权概念，在我国人格权立法中废除一般人格权及具体人格权概念后，人格权理论研究需要另辟蹊径。即放弃之前惯用的一般人格权、具体人格权等概念，代之以人格、人格权、生命权、健康权及其他作为人格权类型化结果的人格权名称。

二、人格权动态变化与新型人格权保护

人格权是一种不断发展中的权利，它的内容与其所处的时代背景密切相关。人格权立法的形式及内容也深受其所处社会环境的影响。在传统民法体系中，人格权尚未发展到与财产权相当的地位，传统民法中是以财产权为权利体系的中心的，但随着经济发展进步，个人的精神自由及个人尊严获得了人们的普遍重视和认可，由此促进了人格权的发展。民法权利体系也逐渐转变成由人格权和财产权两条主线构成的结构。法律对早已经存在并获得一定发展的人格权给予了相对完善的保护，对于那些尚未经法律确认为类型化人格权的人格法益，是否应当进行保护及如何进行保护成为理论研究及司法实践中关注的热点。

新型人格法益的出现是历史发展的必然，规定新型人格权保护制度也成为民法发展的必然趋势。首先，新型人格权的出现直接表明了人们的实际需求，众多学者对新型人格权的关注和讨论都体现出民法对人的尊重和保护，凸显了人格权在民事权利体系中的重要地位。其次，大量的新型人格权利出现并经过法律确认为类型化的人格权。一些新型人格权在一些国家得到正式确认，如希腊、巴拿马、菲律宾、泰国、瑞典等在宪法中规定了保护公民环境权的内容。此外，日本和美国法院还广泛受理了以保护环境权为案由的案件，开始了有关环境权的司法实践。[1] 这都是人格权自身不断发展的表现。法律对新型人格权的保护已经势在必行，在我国如何解决新型人格权的保护问题中，主要需要关注的是如何对人格权保护的一般条款进行规定能最有效

---

① 吕忠梅. 论公民环境权[J]. 法学研究, 1995 (6) .

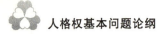

地保障新型人格权，以及哪些新型人格权在通过一般条款保护后能够经法律确认为类型化人格权的问题。

针对人格权作为新型权利的动态变化与新型人格权的保护问题，可以通过以下几种途径寻求解决的方法。

（一）法解释学

法学工作一方面是对现行法律进行研究，另一方面是构成和完善人类社会的规范体系。为了使现行法适合于法的目的，担当对现行法进行解释的工作，进行这种解释工作的法学，称为法解释学。①

在我国制定人格权法的过程中，包括对人格权法出台后执行中有关问题的解决，必须充分运用法解释学方法。作为解释学一个重要分支的法解释学，其最终目的却不限于对法律（文本）的理解，而是为了解决具体案件即正确适用法律而理解。在面对具体的人格权纠纷时，应当充分发挥法律解释与案件的关联性特征，使法律在适用过程中实现法律事实与法律规范的协调，使法律条文能够进最大可能地将待处理的法律事实阐述清楚，为人格权保护的司法实践工作提供指导和依据，为人格权法展的理论研究工作提供素材和发展空间。同时，在对人格权法进行解释时，法律解释的结果应该反映出对人格权保护的态度和价值取向。在处理人格权案件时，结合案情所作出的价值判断，不仅仅影响到案件的结果，更是法律内在追求的反映。德国学者达姆所指出的，"法律绝不仅是徒具语言形式的东西。它有所志，有所意味;它追求着实务的目的，它的眼中有它在生活中要贯彻的价值"。②总的来说，人格权法的制定与实施，始终不能脱离法律解释活动而存在。法律解释为人格权的发展指明了根本的价值追求，保证人格权的发展不会偏离"尊重人的价值"的核心观点，同时为克服有关人格权司法活动中的实际障碍提供了方法。

在法律体系的构建、法律的不断完善发展过程中，学者的理论研究活动发挥着重大的作用。随着我国人格权立法的发展，越来越多的学者投入到对

---

① 梁慧星. 法解释方法论的基本问题[J]. 中外法学, 1993 (1).

② 黄茂荣. 法学方法与现代民法[M]. 台北: 台湾大学法律学系法学丛书编辑委员会, 1982: 269, 270.

人格权的研究当中。通过理论研究，能够从多角度多层次地提出对人格权立法过程中可能面临的问题，如对人格权体系构建的设想、人格权类型的保护模式选择等，并尽可能地提出可行方案，为立法者提供大量的参考信息，对立法工作有很大的帮助。在未来的人格权法实施中，学者对法律适用过程中出现的争议问题可以作出学理解释，影响实践活动。在对实际问题的考察和研究中，能够对已有法律中存在的漏洞提出新的建议，以此实现对人格权法律发展的促进作用。

无论是有权解释还是无权解释（学理解释）对人格权法的制定和实施都包括两个方面的作用：一是对人格权保护一般条款的确定及适用提供理论支持与指导；二是对具体人格法益类型化进展的论证和确认。

（二）司法实践

如果我国人格权法的制定最终采纳了"人格权保护一般条款+类型化"的立法模式，那么在人格权法制定后的实施过程中，法官的自由裁量权将对法律的实施效果产生很大的影响。我国作为传统的成文法系国家，案件的处理严格按照法律的明文规定，为了避免法官造法的发生，对法官的自由裁量权作出的限制很多。但目前考虑人格权制度的性质及其发展趋势，对于人格权法中对法官的自由裁量权问题必须重新进行考虑。人格权法中为实现对未经立法确认的新型人格权的保护，专门建立了"人格权保护一般条款"制度，为案件判决及执行提供了在规定范围内合理浮动的自由。这种规定符合人格权保护的发展趋势及客观要求，但必须注意对法官自由裁量权有所限制。我国作为成文法国家的传统造成法官对自由裁量权的行使并没有丰富的经验，也不能否认我国实践中部分法官的业务素质仍有待提高，其自身业务水平并没有达到能够正确行使自由裁量权的标准，过分赋予其自由裁量权不仅不能实现对案件的合理解决，相反可能造成不良的后果和影响。总之，法官自由裁量权对我国实现人格权保护有重大的意义，但不能脱离以类型化人格权的明确法律规定为基础。在法定化与法官自由裁量之间努力达到一种平衡，是对人格权保护的最佳状态。

三、权利冲突的发生与解决

众所周知，社会主体所享有的不同权利均受到法律的保护。人格权作为一种民事权利类型。一项权利的行使，可能对其他权利形成冲击。人格权的行使也是如此。人格权与其他权利的冲突，主要体现在以下两个方面：

第一，人格权与公权力的冲突。

人格权的产生与德国的《基本法》有密切的联系。这可以看出，人格权法的保护是离不开公权力的。公法与私法共同构成人格权的法律保障体系，从不同的角度和层次实现对人格权的保护。私法规范主要调整平等主体间的行为，无法将公权力机关与公民间的人格权纠纷纳入其中。司法实践中，容易出现公权力对公民人格权的侵害，如在公安机关执法过程中，对犯罪嫌疑人人格权的侵害。

造成公权力对人格权侵害频发的原因是多方面的。既有中国封建文化中对等级地位和权利的盲目崇拜观念的影响，也有现代社会中公权力机关追求效率、关注财产权利保护而忽视人格权的原因。孟德斯鸠曾说过："一切有权力的人都容易滥用权力，这是一条千古不变的经验。有权力的人直到把权力用到极限方可休止。"① 公权力具有天然的扩张性，并且很难受到其他因素的约束和控制，所以公权力侵害公民人格权的情况并不少见。对于公权力与人格权的协调，需要在人格权法的立法过程中给予更多关注。②

第二，人格权与其他民事权利的冲突。

人格权除了与公权力可能发生冲突以外，与其他民事权利也存在发生冲突的可能，如隐私权与知情权的冲突。隐私权的关键在于保障权利主体对自己不愿公开的信息情况有绝对保密的权利，而知情权则是侧重于保护自然人对其有权知晓的信息全面了解的权利。当知情权与隐私权所涉及的信息发生了重叠交叉，两种权利之间会产生激烈的冲突，最终实现何种权利是难以解决的问题。再如隐私权、肖像权与著作权间也常发生冲突。在摄影、绘画作品中，作者的著作权与模特的肖像权间的纠纷已经屡见不鲜；在新闻报道与

---

① 杨立新. 论人格权的冲突与协调[J]. 河北法学, 2011 (8) .

② 杜慧谦. 论公法中的人格权[D]. 济南: 山东大学, 2010.

文学作品创作中常发生当事人隐私权与作者著作权的冲突。由于各项权利的主体均为平等主体，在平等主体之间发生的权利纠纷的核心是价值和利益的双重冲突。

权利的冲突不可避免。为了协调冲突，必须通过价值判断和利益衡量来确认何为应予保护的人格权。在民法领域中价值选择主要应遵守以下三条基本原则：坚持以人为本，坚持人的最高地位、突出人的价值、维护人的根本利益；坚持权利本位的原则，以人的权利为根本；关注利益衡量，两种利益冲突中倾向于保护具有更大利益的权利，牺牲较小利益的权利。在实践中，处理人格权与其他权利的冲突，应遵循以上三条原则，选择对符合社会主流价值观念、有利于社会和谐、司法公平公正的权利加以保护。

在人们对人格权保护要求越来越具体的趋势下，法律对人格权的保护经历了从基本法向部门法转变的过程。我国顺应社会发展的要求，对人格权保护给予越来越多的关注。从早期引进国外理论学说及立法模式转变为现在结合自身实际情况、制定符合国情的人格权法。通过对理论研究成果及司法实践经验的总结，本书主张纠正原有人格权体系中矛盾的概念和关系，重建人格权体系。未来我国民法典中人格权法应当独立成编，以彰显人格权的重要地位。以"总分"结构构建人格权体系，总则编主要规定人格权保护的基本原则、人格权概念和一般条款、人格权形式的限制（权利不得滥用）、人格权权利冲突解决规则及人格权请求权。分则主要通过类型化构建，包括当前立法确认的一些人格权，以及时间中不断涌现的新型人格权，如环境权和休息权。对学界热议的非典型人格法益可以通过间接保护的方式进行保护，如信用权，也可以通过一般条款进行保护，从而实现对人格法益的周全保护。经过前面论证可知，一般人格权与具体人格权的概念并不适宜在我国人格权法中使用，本书提出废除一般人格权和具体人格权的概念，建立起以人格权为权利总称，以各种人格权类型为内容的新型人格权体系。在这种新的体系之下，我国人格权法的制定采纳"人格权保护一般条款+类型化"的新型立法模式，全面实现对法定化人格权和新型人格法益的保护。通过充分的论证，以上建议具有充分的可行性，但在实现过程中还有需要克服的障碍，这需要调动学者及司法工作者的力量，实现对人格权法制定及实施的推动作用。通过理论研究与论证，实践探索与尝试，可以加速人格权类型化进程，凝练应受保护的人格法益，推动和完善人格权立法，加强人格权及其他人格法益的保护。

结　语

　　民法典制定背景下，人格权立法成为民法学界的焦点问题。为此，人格权理论基本概念厘定、人格权证成、一般人格权证伪、具体人格权概念废除、人格权体系构建与类型化研究、人格权立法模式及路径选择、人格权理论的未来发展等都成为人格权基本理论问题。

　　人格权、一般人格权、具体人格权是人格权理论演变中形成的基本概念。对人格权基本概念的研究及人格权基本概念的确立，对人格权体系构建具有基础意义。而人格权概念厘定及人格权体系构建，对人格权立法具有重要意义。人格权概念的确立、一般人格权、具体人格权概念的废除，改变了传统人格权理论中人格权的体系设置。

　　人格权兼具宪法性基本权利及私法性民事权利的双重属性。就产生基础而言，人格权属于宪法性基本权利。而在实证意义上及权利保护层面，人格权更应当被作为一项民事权利来对待，并完成人格权的私法确认。人格权理应成为私法领域进行立法确认的一项民事权利，其保护的客体即为统一的人格。作为一类民事权利之种概念，在民事权利体系内与财产权相对应，并处于同等地位，涵盖了多项以具体的人格法益为保护对象的人格权构成了作为民事权利的人格权体系。不同的人格法益，决定了人格权的不同类型和属性。针对具体的人格法益或人格权进行司法保护，需要根据不同人格法益的不同特质，对不同人格权类型进行学理论证及立法确认，实现人格权的类型化。

　　毫无疑问，人格权是一项新型的民事权利，是处于"生成途中的一项权利"，通过人格权类型化，通过立法确认不同的人格权，无法解决新型人格权保护问题。虽然笔者并不主张在立法中使用一般人格权的概念，但并不反对在立法上使用人格权保护一般条款，以实现对人格权的开放性保护。因此，我国未来人格权立法，应当采纳"人格权保护一般条款+类型化"之立法模式。以人格权保护一般条款代替一般人格权制度，实现对人格权的开放性保护，并保持人格权立法的稳定性；以人格权类型化代替具体人格权制度，为法官提供可靠的判案依据，减少法官适用法律的学理论证，降低法官在具体案件中进行价值判断和利益衡量的难度，实现人格权立法的确定性。

未来我国民法典中人格权法应当独立成编，以"总分"结构构建人格权法体系，总则编主要规定人格权保护的基本原则、人格权概念和一般条款、人格权行使的限制、人格权权利冲突解决规则及人格权行使规则。分则主要通过类型化构建，包括当前立法确认的一些人格权、司法实践中不确认的人格权及学界讨论成熟的人格权类型。对非独立的人格权，可以将其纳入类型化人格权予以间接保护，也可以通过人格权保护一般条款进行保护，从而实现对人格法益的周全保护。

当然，一般人格权、具体人格权概念的废除，人格权体系的重构，势必会对传统人格权理论形成冲击。人格权理论研究开创一段新的历史的同时，必将进入一段艰难的发展历程，一般人格权、具体人格权概念的废除，无论对学界还是司法实践而言，都需要一个逐步接受和适应的过程。而人格权立法在实现人格权成文法突破的同时，在"人格权保护一般条款+类型化"立法模式之下，也无法彻底解决新型人格权保护问题。事实上，这些已经不是本次人格权立法及相关理论研究需要解决的问题了，而是未来人格权理论研究与人格权法实施中需要探讨和解决的问题。为体现理论的完整性，也为未来人格权理论研究和人格权法实施留下出口，笔者建议将新型人格权问题交由法解释学和司法实践去处理。以学者的理论研究界定和丰富人格权的内涵与外延，在司法实践中探索人格权保护的规则和体系。

参考文献

[1] 齐晓琨. 德国民法中的一般人格权[J]. 吉林省教育学院学报, 2006, (10) .

[2] 周晨, 张惠虹. 中德民法中一般人格权制度之比较[J]. 德国研究, 2003, (2).

[3] 姚辉. 关于民事权利的宪法学思维——以一般人格权为对象的观察[J]. 浙江社会科学, 2001, (1).

[4] 姚辉. 论一般人格权[J]. 法学家, 1995, (5).

[5] 韩大元. 论基本权利效力[J]. 判解研究, 2003, (1).

[6] 曾凡昌. 西方人格权发展的历史线索及其启示[J]. 现代法学, 2011, (2).

[7] 徐国栋. 人格权制度历史沿革考[J]. 法制与社会发展, 2008, (1).

[8] 徐国栋. 人身关系流变[J]. 法学, 2002, (6).

[9] 曹险峰, 田园. 人格权法与中国民法典的制定[J]. 法制与社会发展, 2002, (2).

[10] 曹险峰. 论一般人格权的立法模式——以德国与瑞士立法例之对比考察为中心[J]. 当代法学, 2006, (3).

[11] 曹险峰. 罗马法中的人格与人格权[J]. 安徽大学法律评论, 2007, (2).

[12] 张红. 19世纪德国人格权理论之辩[J]. 环球法律评论, 2010, (10).

[13] 张红. 20世纪德国人格权法的演进[J]. 清华法律评论, 2009, (1).

[14] 周云涛. 德国人格权发展阶段的历史考察[J]. 社会科学, 2010, (11).

[15] 姚辉, 周云涛. 人格权: 何以可能[J]. 法学, 2007, (5).

[16] 沈剑锋. 论具体人格权构建的一般方法[J]. 国家检察官学院学报, 2013, (4):159.

[17] 沈剑锋. 具体人格权立法模式及其选择——以德国、瑞士、奥地利、列支登士敦为考察重点[J]. 比较法研究, 2011, (5).

[18] 于向阳. 制定损害赔偿法刍议[J]. 新疆社会科学, 1984, (4).

[19] 关今华. 台湾精神损害行为法[J]. 法学, 1991, (12).

[20] 曹登润. 我国精神损害赔偿制度的缺陷及其完善[J]. 法律适用, 1993, (6).

[21] 谢怀栻. 论民事权利体系[J]. 法学研究, 1996, (2).

[22] 尹田. 论人格权独立成编的理论漏洞[J]. 法学, 2007, (5).

[23] 尹田. 论一般人格权[J]. 法律科学, 2002, (4).

[24] 尹田. 论人格权的本质——兼评我国民法草案关于人格权的规定[J]. 法学研究, 2003, (4).

[25] 尹田. 论人格权概括保护的立法模式——"一般人格权"概念的废除[J]. 河南省政法管理干部学院学报, 2011, (1).

[26] 薛军. 揭开"一般人格权"的面纱——兼论比较法研究中的体系意识[J]. 比较法研究, 2008, (5).

[27] 薛军. 人格权的两种基本理论模式与中国的人格权立法[J]. 法商研究, 2004, (4).

[28] 马俊驹. 从人格利益到人格要素[J]. 河北法学, 2006, (10).

[29] 马俊驹. 关于人格权基础理论问题的探讨[J]. 法学杂志.

[30] 马俊驹, 张翔. 人格权的理论基础及其立法体例[J]. 法学研究, 2004, (3).

[31] 马俊驹, 刘卉. 论法律人格内涵的变迁和人格权的发展[J]. 法学评论, 2002, (1) .

[32] 马俊驹, 王恒. 未来我国民法典不宜采用"一般人格权"概念[J]. 河北法学, 2012, (8).

[33] 温世扬. 略论人格权的类型体系[J]. 现代法学, 2012, (7).

[34] 易军. 论人格权法定——一般人格权与侵权责任构成[J]. 法学, 2011, (8).

[35] 冉克平. 一般人格权理论的反思与我国人格权立法[J]. 法学, 2009, (8).

[36] 杨立新, 尹艳. 论一般人格权及其民法保护[J]. 河北法学, 1995, (2).

[37] 杨立新, 刘召成. 论作为抽象人格权的一般人格权[J]. 广东社会科学, 2010.

[38] 杨立新, 刘召成. 抽象人格权与人格权体系之构建[J]. 法学研究, 2011, (1).

[39] 龙卫球. 人格权的立法论思考：困惑与对策[J]. 法商研究, 2012, (1).

[40] 梅夏英. 民事权利能力、人格与人格权[J]. 法律科学, 1999, (1).

[41] 王泽鉴. 人权观保护的课题与展望（二）——宪法上人格权与私法上人格权[J]. 台湾本土法学杂志, 2006.

[42] 王泽鉴. 人格权的具体化及其保护范围·隐私权篇(上)[J]. 比较法研究, 2008, (6).

[43] 王利明. 独立成编的人格权法与侵权责任法的关系[J]. 社会科学战线, 2012, (2).

[44] 王利明. 人格权法研究[J]. 社会科学战线, 2012, (2).

[45] 王利明. 人格权法制定中的几个问题[J]. 暨南学报: 哲学社会科学版, 2012, (3).

[46] 王利明. 试论人格权的新发展[J]. 法商研究, 2006, (5).

[47] 王利明. 民法的人文关怀[J]. 中国社会科学, 2011, (4).

[48] 王利明. 人格权制度在中国民法典中的地位[J]. 法学研究, 2003, (2).

[49] 李永军. 从权利属性看人格权的法律保护[J]. 法商研究, 2012, (1).

[50] 申政武. 论人格权及人格损害赔偿[J]. 中国社会科学, 1990, (2).

[51] 梁慧星. 法解释方法论的基本问题[J]. 中外法学, 1993, (1).

[52] 张新宝. 人格权法的内部体系[J]. 法学论坛, 2003, (6).

[53] 都本有, 朱振. 人格权的伦理分析[J]. 法制与社会发展, 2005, (3).

[54] 郭卫华. 论性自主权的界定及其私法保护[J]. 法商研究, 2005, (1).

[55] 吕忠梅. 论公民环境权[J]. 法学研究, 1995, (6).

[56] 马海霞. 论人格权在未来我国民法典中的地位[J]. 天中学刊, 2004, (19).

[57] 谢哲胜. 中国人格权法独立成编及其基本内容的立法建议[J]. 人大法律评论, 2009.

[58] 钟瑞栋. 人格权法不能独立成编的五点理由[J]. 太平洋学报, 2008, (2).

[59] 熊谓龙. 权利, 抑或法益——一般人格权本质的再讨论[J]. 比较法研究, 2005, (2).

[60] 郭明龙. 拟制与衡平: 一般人格权保护之路径[J]. 广西社会科学, 2008, (5).

[61] 李林启. 人格权性质论[J]. 长沙民政职业技术学院学报, 2011, (3).

[62] 陈泽宪. 对国家尊重和保障人权载入宪法的几点认识[J]. 中国社会科学院院报.

[63] 程水泉. 论人格权的性质[J]. 求索, 2007, (4).

[64] 刘凯湘. 人格权的宪法意义与民法表述[J]. 社会科学战线, 2012, (2).

[65] 刘士国. 新生人格权问题研究[J]. 法学论坛, 2011, (6).

[66] 姜新东. 人格权的哲学基础探源——理性与身体在人格中的角色变迁及法律意义[J]. 东岳论丛, 2011, (8).

[67] 张青兰, 李建生. 论公民人格的价值内涵[J]. 南昌大学学报 (人文社科版), 2004, (2).

[68] 叶金强. 一般人格权制度初论[J]. 南京大学法律评论, 1999.

[69] 梁笑准. 论一般人格权[J]. 安阳工学院学报, 2009, (3).

[70] 谌佳. 论具体人格权外延限制之抽象标准[J]. 中南财经政法大学研究生学报, 2012, (1).

[71] 邓江陵. 环境人格权刍议[J]. 云南大学学报: 法学版, 2007.

[72] 韩迎春, 魏新丽. 个人信息权保护模式探析[J]. 前沿, 2010, (12).

[73] 刘士国. 新生人格权问题研究[J]. 法学论坛, 2011, (6).

[74] 苗延波. 人格权法制定中的焦点问题研究[J]. 法学论坛, 2009, (6).

[75] 蒋继菲, 王胜利. 谈公开权对我国人格权立法的启示[J]. 前沿, 2010, (22).

[76] 林维信. 基因资讯保护之研究——资料保护法草案为中心[J]. 科技法学评论, 2007, (1).

[77] 马忆南. 夫妻生育权冲突解决模式[J]. 法学, 2010, (3).

[78] 王雷.《人格权法》立法的两大关键[N]. 中国社会科学报, 2011-8-9.

[79] 欧世龙. 从一般人格权到一般人格权条款[N]. 福建江夏学院学报, 2012-12-2.

[80] 陈现杰.《最高人民法院关于确定民事侵权精神损害赔偿责任若干问题的解释》的理解与适用[N]. 人民法院报, 2001-3-28.

[81] 梁慧星. 人格权：与生俱来的权利[N]. 工人日报, 2003-2-8.

[82] 梁慧星. 民法典不应单独设立人格权编[N]. 法制日报, 2002-8-4.

[83] 石毅. 浅论人格权的起源——兼谈人格权在民法典中的地位[N]. 人民法院报, 2005-7-16.

[84] 罗政. 论环境人格权及法律救济[D]. 南昌：江西财经大学, 2013.

[85] 曹险峰. 人格、人格权与中国民法典[D]. 长春：吉林大学, 2005.

[86] 王萍. 中德一般人格权类型化之比较研究[D]. 北京：中国政法大学, 2007.

[87] 邹丹. 论一般人格权的性质及我国的立法选择[D]. 北京：中国政法大学, 2012.

[88] 杜慧谦. 论公法中的人格权[D]. 济南：山东大学, 2010.

[89] 李岩. 民事法益研究[D]. 长春：吉林大学, 2007.

[90] 霍银泉. 一般人格权研究[D]. 长春：吉林大学, 2012.

[91] 郑永宽. 人格权概念解析[D]. 北京：中国政法大学, 2006

[92] 姜新东. 人格权的理念与制度构建[D]. 济南：山东大学, 2012.

[93] 霍银泉. 论一般人格权的性质[J]. 吉林省教育学院学报, 2010, (2).

[94] [德]汉斯－彼特·哈佛坎普. 1918年以来一般人格权在德国的发展[J]. 金可可译. 华东政法大学学报, 2011, (1).

[95] [德]汉斯·哈腾鲍尔. 民法上的人[J]. 孙宪忠译. 环球法律评论, 2001, (冬)：398-399.

[96] [德]霍尔斯特·埃曼. 德国法中一般人格权的概念和内涵[J]. 杨阳译. 南京大学法律评论, 2000.

[97] 格奥尔格·拉茨. 匈牙利民法典的修改[J]. 谢怀栻译. 环球法律评论, 1998, (5).

[98] 温世杨. 人格权"支配"属性辨析[J]. 法学, 2013, (5).

[99] 隋彭生. 人格权派生财产权初探[J]. 北京航空航天大学学报, 2013, (5).

[100] 张平华. 人格权的利益结构与人格权法定[J]. 中国法学, 2013, (2).

[101] 易继明. 人格权立法的历史评析[J]. 法学研究, 2013, (1).

[102] 黄忠. 人格权法独立成编的体系效应辨识[J]. 现代法学, 2013, (1).

[103] 刘召成. 人格权主观权利地位的确立与立法选择[J]. 法学, 2013, (6).

[104] 王利明. 我国未来民法典中人格权编的完善[J]. 中国政法大学学报, 2013, (1).

[105] 张红. 论一般人格权作为基本权利之保护手段——以对"齐玉苓案"的再检讨为中心

[J]. 法商研究, 2009, (4).

[106] 王叶刚. 人格权中经济价值法律保护模式探讨[J]. 比较法研究, 2014, (1).

[107] 张红. 一项新的宪法性基本权利——人格权[J]. 法商研究, 2012, (1).

[108] 汪永清. 论法律权利特征[J]. 法学杂志, 1988, (2).

[109] 李新天. 对人格权几个基本理论问题的认识[J]. 法学评论, 2009, (1).

[110] 李树真. 一般人格权争议问题我见[J]. 山东师范大学学报: 人文社会科学版, 2005, (6).

[111] 李锡鹤. 民法哲学论稿[M]. 上海: 复旦大学出版社, 2000.

[112] 徐国栋. 民法总论[M]. 北京: 高等教育出版社, 2007.

[113] 徐国栋. 绿色民法典草案[M]. 北京: 社会科学文献出版社, 2004.

[114] 曹险峰. 人格权与中国民法典[M]. 长春: 吉林大学出版社, 2005.

[115] 马俊驹. 人格和人格权理论讲稿[M]. 北京: 法律出版社, 2009.

[116] 马俊驹, 余延满. 民法原论[M]. 北京：法律出版社, 2005.

[117] 杨立新. 人格权法专论[M]. 高等教育出版社, 2005.

[118] 王利明, 杨立新, 姚辉. 人格权法[M]. 北京: 法律出版社, 1997.

[119] 杨立新. 人身权法论[M]. 北京: 人民法院出版社, 2006.

[120] 杨立新. 人格权法[M]. 北京: 人民法院出版社, 2009.

[121] 杨立新. 中国人格权法立法报告[M]. 北京: 知识产权出版社, 2005.

[122] 龙卫球. 论自然人人格权及其当代发展进程——兼论宪法秩序与民法实证主义[M]. 清华法学（第二辑）. 北京: 清华大学出版社, 2003.

[123] 龙卫球. 民法总论[M]. 北京: 中国法制出版社, 2002.

[124] 周枏. 罗马法原论（上册）[M]. 北京: 商务印书馆, 1994.

[125] 黄风. 罗马私法导论[M]. 中国政法大学出版社, 2003.

[126] 付子堂. 法理学初阶[M]. 北京: 法律出版社, 2005.

[127] 江平. 民法学[M]. 北京: 中国政法大学出版社, 2007.

[128] 江平. 法人制度论[M]. 北京: 中国政法大学出版社, 1994.

[129] 龙显铭. 私法上人格权之保护[M]. 北京: 中华书局, 1948.

[130] 王泽鉴. 民法总论[M]. 北京: 中国政法大学出版社, 2001.

[131] 王泽鉴. 民法学说与判例研究（第8册）[M]. 北京: 中国政法大学出版社, 1998.

[132] 王泽鉴. 侵权责任法（第1册）[M]. 北京: 中国政法大学出版社, 2001.

[133] 王泽鉴. 侵权行为[M]. 北京: 北京大学出版社, 2009.

[134] 王利明. 中国民法典草案建议稿及说明[M]. 北京: 中国法制出版社, 2004.

[135] 王利明. 人格权法新论[M]. 长春: 吉林人民出版社, 1994.

[136] 王利明. 民法总则研究[M]. 北京: 中国人民大学出版社, 2003.

[137] 王利明. 人格权法研究[M]. 北京: 中国人民大学出版社, 2005.

[138] 王利明. 中国民法典学者建议稿及立法理由[M]. 北京: 法律出版社, 2005.

[139] 王利明. 民法典·人格权法重大疑难问题研究[M]. 北京: 中国法制出版社, 2007.

[140] 中央政法干部学校民法教研室. 中华人民共和国民法基本问题[M]. 北京: 法律出版社, 1958.

[141] 王伯琦. 民法总则[M]. 台北: 国立编译馆, 1979.

[142] 施启扬. 民法总则[M]. 台北: 三民书局, 2005.

[143] 马原. 中国民法教程[M]. 北京: 人民法院出版社, 1989.

[144] 梁慧星. 中国民法经济法诸问题[M]. 北京: 法律出版社, 1991.

[145] 梁慧星. 民法总论[M]. 第3版. 北京: 法律出版社, 2007.

[146] 张新宝. 隐私权的法律保护[M]. 北京: 群众出版社, 2004.

[147] 张新宝. 侵权责任法[M]. 北京: 中国人民大学出版社, 2006.

[148] 张俊浩. 民法学原理（上册）[M]. 北京: 中国政法大学出版社, 2000.

[149] 魏振瀛. 民法[M]. 第4版. 北京: 北京大学出版社, 2010.

[150] 邱聪智. 民法研究(一)[M]. 北京: 中国人民大学出版社, 2002.

[151] 周开方. 我国人格权的法律实践分析[M]. 法律出版社, 2012.

[152] 路易斯·亨金. 当代中国的人权观念: 一种比较考察[M]. 北京: 法律出版社, 1999.

[153] 刘风景, 管仁林. 人格权[M]. 北京: 中国社会科学出版社, 1999.

[154] 黄茂荣. 法学方法与现代民法[M]. 北京: 法律出版社, 2007.

[155] 张文显. 法学基本范畴研究[M]. 北京: 中国政法大学出版社, 1997.

[156] 王世杰, 钱端升. 比较宪法[M]. 北京: 中国政法大学出版社, 2004.

[157] 张千帆. 宪法学（第2版）[M]. 北京: 法律出版社, 2011.

[158] 李建良. 宪法理论与实践（二）[M]. 台北: 台湾学林文化事业有限公司, 2000.

[159] 邓曾甲. 日本民法概论[M]. 北京: 法律出版社, 1995.

[160] 佟柔. 中国民法学. 民法总则[M]. 北京: 中国人民公安大学出版社, 1990.

[161] 杨立新. 中国人格权法立法报告[M]. 北京: 知识产权出版社, 2005.

[162] [日]鸠山秀夫. 日本债权法各论[M].

[163] [日]五十岚清. 人格法[M]. [日]铃木贤, 葛敏译. 北京: 北京大学出版社, 2009.

[164] [日]星野英一. 私法中的人——以民法财产法为中心[M]. 王闯译. //梁慧星. 民商法论丛（第8卷）. 北京: 法律出版社, 1997.

[165] [日]圆谷峻. 判例形成的日本新侵权责任法[M]. 赵莉译. 北京: 法律出版社, 2008.

[166] [奥]科齐奥尔——维尔泽. 民法[M]. 2006.

[167] [意]桑德罗·斯奇巴尼. 人法（民法大全选译）[M]. 黄风译. 北京: 中国政法大学出版社, 1995.

[168] [德]迪特尔·梅迪库斯. 德国民法总论[M]. 邵建东译. 北京: 法律出版社, 2000.

[169] [德]卡尔·拉伦茨.德国民法通论（上册）[M].王晓晔, 等译. 北京: 法律出版社: 2003.

[170] [德]黑格尔. 法哲学原理[M]. 范扬, 张企泰译. 北京: 商务印书馆, 1961.

[171] [德]霍尔斯特·埃曼. 德国民法中的一般人格权制度[M]. 邵建东, 等译. //梁慧星. 民商法论丛（第23卷）. 香港: 金桥文化出版公司, 2002.

[172] [德]海尔穆特·库勒尔.《德国民法典》的过去和现在[M].孙宪忠译.//民商法论丛（第2卷）.北京: 法律出版社, 1994.

[173] [德]马克斯米利安·福克斯. 侵权责任法[M]. 齐晓琨译. 北京: 法律出版社, 2004.

[174] [德]克雷斯蒂安·冯·巴尔. 欧洲比较侵权责任法（下卷）[M]. 焦美华译. 北京: 法律出版社, 2004.

[175] [德]弗里德里希·卡尔·冯·萨维尼. 萨维尼论法律关系[M]. 田士永译. //郑永流. 法哲学与法社会学论丛（第7辑）. 北京: 中国政法大学出版社, 2005.

[176] [德]迪特尔·施瓦布. 民法导论[M].郑冲译. 北京: 法律出版社, 2006.

[177] [德]卡尔·拉伦茨. 法学方法论[M]. 陈爱娥译. 北京: 商务印书馆, 2003.

[178] [葡]Carlos Alberto da Mota Pinto.民法总论[M]. 法律翻译办公室译. 澳门: 澳门大学法学院, 156.

[179] [美]贝恩·辛格. 可操作的权利[M]. 邵强进, 林艳译. 上海: 上海人民出版社, 2005.

[180] 艾伦·沃森. 民法法系的演变及形成[M]. 李静冰, 姚新华译. 北京: 中国法制出版社, 2005.

[181] 奥托·吉尔克. 德国私法（第一卷）[M]. 1895.

[182] [德]康德. 道德形而上学原理[M]. 苗力田译. 上海: 上海人民出版社, 2005.

[183] [德]康德. 法的形而上学原理——权利的科学[M]. 沈淑平译. 北京: 商务印书馆, 1991.

[184] 马克思, 恩格斯. 马克思恩格斯选集（第2卷）[M]. 北京: 人民出版社, 1972.

[185] [奥]玛丽-特雷西·弗里克. 人法[M]. 1991.

[186] [德]汉斯·布劳克斯, 沃尔夫—迪特里希·瓦尔克. 民法总论[M]. 2008.

[187] [德]约恩·埃克特. 侵权法中的自由概念[M]. 1994.

[188] Medicus, Allgemeiner Teil des BGB, 9. Auflage, C. F. Müller, S420ff.

[189] Heiz Hauscheer Regina E. Aebi — MüllerDas Per-sonenrecht des Schweizerschen Zivilgesetz-buches, 2 Auflag, 2008, S118 .

[190] Larenz Canaris. Lehrbuch des Schuldrechts Band Ⅱ: Besonderer Teil,Halbband 2, 13.Aufl, Verlag C. H. Beck, München 1994, S.392.

[191] Vgl. München Kommentar zum Bürgerlichen Gesetzbuch.Band 5, Schulrecht Besonderer Teil Ⅲ, 5. Auflage, Verlag C. H. Beck, Munchen 2009, S. 1804ff.

[192] Baudoin et note Colin[J]. 25 juin 1902 DP 1903, 1, p. 5 concl .

[193] Hupon is Donelli Opera omnia Tomus Prinus I [M]. Roma Typis Josep WSalvin 1828: 229.

[194] Guido Alpa. Statuse Capacit [M]. Laterza: Bari– Roma, 1993: 63 .

[195] Savigny. System desheutigen Rmischen Rechts. 1840. Bd S. 334.

[196] Verhandlungen des 45. Deutschen uristentages 1964, Munchen 1964.

[197] Peter Bydlinski. Burgerliches recht Band 1 Allgemeiner Teil [J]. Springer 2007, S65.

[198] Basil S. Markesinis Hannes Unberath, The German Law of Torts Comparative Treatises [M].2002.

[199] William Prosser, Das Recht auf Privatsphre in Amerika, in: RabelsZ 21, 1956, S. 401ff.

[200] Daniel J. Solove& Paul M. Schwart z, Information Privacy Law,Third Edition,Wolters Kluwer,2009, p.2.

[201] Margaret C.Jasper, Privacy and the Internet: Your Expectations and Rights under the Law, New York: Oxford University Press, 2009, p.53.

[202] Gebhard Rehm, Actibism Privacy and Informational Self Determination in and German Constitutional Law, 32U. 275.

[203] Steven J. Heyman, Righting the Balance: An Inquiry into the Foundations and Limits of Freedom of ExPression, 78B. U. L. Rev. 1275, 1325(1998).

[204] European Group on Tort Law, Principles of European Tort Law: Text and Commentary, Springer Wien, New York, 2005.

[205] Georg Wronka, Das Verhltnis zwischen dem allgemeinen Persnlichkeitsrecht und den sogenannten besonderen Persnlichkeitsrechten, in UFITA, Band 69, 1973, S75.

后　记

书稿收笔的刹那，心中感慨万千。当然有轻松、有快乐，但更多的是如释重负，是感恩和期待！

博士毕业，博士论文交稿，实现了我精心完成一部著作的夙愿。一路走来，身上始终背着重重的担子，心中一直积蓄着前进的力量。终于，走到今天，可以如释重负！一路的艰辛和汗水，以及老师的帮扶和教导，为我积累了一份踏实和底气。让我更加坚毅、更加自信地迈出前进的脚步。回想起一路的艰辛和收获，感恩之情不断在心中涌动。

感恩各位师长一路的指导和陪伴。杨震老师、董惠江老师、董玉庭老师、钱福臣老师、崔军老师、申建平老师、张铁薇老师、王妍老师、孙毅老师等，在我的课程学习、论文开题与撰写结稿的过程中都给了我诸多指导，使我少走好多弯路，并且受益良多。我的导师王歌雅教授，更是给了我无微不至的关怀和孜孜不倦的教诲。我的成长与进步，凝聚了王老师的关爱与付出。各位老师的学术底蕴、大家风范和优雅气质，为我的学术生涯，包括未来的工作和生活，树立了新的目标和导向。

一路走来，感谢各位师长、同窗、同事、朋友和家人的陪伴。因为你们，我很充实，很踏实，也很快乐。在你的陪伴下，我不会改变心中那份执着的追求与向往，不会停下前进的脚步。

一路走下去，我充满信心。因为我知道，在未来的日子和征途，一定还会有你们的陪伴和关注的目光！

李景义

2014年6月4日